化妆品监督管理条例
注解与配套

中国法制出版社
CHINA LEGAL PUBLISHING HOUSE

图书在版编目（CIP）数据

化妆品监督管理条例注解与配套／中国法制出版社编．—北京：中国法制出版社，2023.7

（法律注解与配套丛书）

ISBN 978-7-5216-3383-2

Ⅰ.①化… Ⅱ.①中… Ⅲ.①化妆品-监督管理-条例-法律解释-中国 Ⅳ.①D922.165

中国国家版本馆 CIP 数据核字（2023）第 055537 号

策划编辑：袁笋冰　　责任编辑：李槟红　　封面设计：杨泽江

化妆品监督管理条例注解与配套

HUAZHUANGPIN JIANDU GUANLI TIAOLI ZHUJIE YU PEITAO

经销/新华书店

印刷/三河市国英印务有限公司

开本/850 毫米×1168 毫米　32 开　　印张/ 7.75　字数/ 188 千

版次/2023 年 7 月第 1 版　　2023 年 7 月第 1 次印刷

中国法制出版社出版

书号 ISBN 978-7-5216-3383-2　　定价：24.00 元

北京市西城区西便门西里甲 16 号西便门办公区

邮政编码：100053　　传真：010-63141600

网址：http：//www.zgfzs.com　　**编辑部电话：010-63141671**

市场营销部电话：010-63141612　　**印务部电话：010-63141606**

（如有印装质量问题，请与本社印务部联系。）

出版说明

中国法制出版社一直致力于出版适合大众需求的法律图书。为了帮助读者准确理解与适用法律，我社于2008年9月推出“法律注解与配套丛书”，深受广大读者的认同与喜爱，此后推出的第二、三、四、五版也持续热销。为了更好地服务读者，及时反映国家最新立法动态及法律文件的多次清理结果，我社决定推出“法律注解与配套丛书”（第六版）。

本丛书具有以下特点：

1. 由相关领域的具有丰富实践经验和学术素养的法律专业人士撰写适用导引，对相关法律领域作提纲挈领的说明，重点提示立法动态及适用重点、难点。

2. 对主体法中的重点法条及专业术语进行注解，帮助读者把握立法精神，理解条文含义。

3. 根据司法实践提炼疑难问题，由相关专家运用法律规定及原理进行权威解答。

4. 在主体法律文件之后择要收录与其实施相关的配套规定，便于读者查找、应用。

此外，为了凸显丛书简约、实用的特色，分册根据需要附上实用图表、办事流程等，方便读者查阅使用。

真诚希望本丛书的出版能给您在法律的应用上带来帮助和便利，同时也恳请广大读者对书中存在的不足之处提出批评和建议。

中国法制出版社

2023年7月

适用导引

2020年1月3日，国务院第77次常务会议通过《化妆品监督管理条例》（以下简称《条例》），《条例》自2021年1月1日起施行。《条例》的制定，以习近平新时代中国特色社会主义思想为指导，充分体现了坚持以人民为中心的发展思想，贯彻落实“四个最严”“放管服”改革要求，为做好新时代的化妆品安全监管工作指明了方向。该法共6章80条，主要规定了《条例》的制定目的，化妆品和化妆品原料的分类管理制度，化妆品注册人、备案人的主体责任，各级药品监管部门的监管职责和监管措施，以及违反本法应承担的法律责任等。《条例》的核心内容是风险和责任、体系和能力，即通过良好的制度设计，最大限度地实现风险的全面防控、责任的全面落实、体系的全面推进和能力的全面提升。《条例》着力打造新时代我国化妆品监管法制的升级版，努力实现化妆品产业的高质量发展和化妆品监管的高效能治理，更好地满足公众对美好生活的追求。

化妆品是满足人们对美的需求的消费品，直接作用于人体，其质量关乎人民群众的身体健康和生命安全。党中央、国务院一直高度重视化妆品的监管工作。近年来，化妆品行业发展迅速，市场规模增长明显，化妆品监管阔步前行。随着时代的发展，1989年制定的《化妆品卫生监督条例》，在监管理念、监管体制、监管制度、监管机制和监管方式等方面，已远不能适应当前我国化妆品产业发展和化妆品监管的实际。在改革开放的新时代，制定一部现代版的化妆品监督管理条例，是业界和社会多年的期盼。2015年6月，原食品药品监管总局向国务院报送了《化妆品监督管理条例（修订草案送审稿）》。原国务院法制办、司法部先后两次征求有关部门、地方人民政府和部分企业、行业协会的意见，并向社会公开征求意见；多次召开座谈会听取企业、行业协会意见；赴上海、浙江实地调研。在此基础上，司法部会同市场监管总局、药监局对送审稿作了反复研究、修改，形成了《化妆品监督管理条例（草案）》。2020年1月3日国务院常务会议审议通过草案，2020年6月16日国务院正式公布《条例》。《条例》自2021年1月1日起施行，《化妆品卫生监督条例》同时废止。

与《化妆品卫生监督条例》相比，《条例》基于化妆品的发展规律和监管实践，面对新形势、新挑战、新问题，进行了充分的调研和论证，在监管理念上坚持风险管理、责任管理、全程管理和社会共治。

在条款上大幅增加、细化了原料与产品管理、生产经营、监督管理及法律责任等内容，具体表现在以下几个方面：

一是贯彻落实“放管服”改革要求。完善了化妆品和化妆品原料分类管理制度，简化了注册、备案流程，鼓励和支持化妆品研究创新，优化企业创新制度环境。

二是严守质量安全底线。《条例》突出化妆品注册人、备案人主体地位，规定化妆品注册人、备案人应对化妆品的质量安全和功效宣称负责。加强了生产经营全生命周期管理、上市后研究和风险管控，确立了化妆品和化妆品原料安全再评估制度以及问题产品召回制度，切实保障化妆品质量安全。

三是完善监管措施。建立化妆品风险监测和评价制度，对执法措施和程序进一步规范，增加了责任约谈、紧急控制、举报奖励、失信联合惩戒等监管措施，提升监管的科学性、有效性和规范性。

四是加大对违法行为的惩处力度。《条例》不仅增加了违法成本，提高了处罚的幅度，对严重违法行为最高可处货值金额30倍的罚款，而且引入行业禁入、“处罚到人”的规定，处罚最高为终身禁止从事化妆品生产经营活动。另外，《条例》还规定，构成违反治安管理行为的，由公安机关依法给予治安管理处罚；构成犯罪的，依法追究刑事责任。

目　　录

化妆品监督管理条例

第一章　总　　则

第二章　原料与产品

第三章 生产经营

第四章 监督管理

第五章 法律责任

第六章　附　　则

配套法规

化妆品监督管理条例

（2020年1月3日国务院第77次常务会议通过 2020年6月16日中华人民共和国国务院令第727号公布 自2021年1月1日起施行）

第一章 总 则

第一条 【立法目的】[①] 为了规范化妆品生产经营活动，加强化妆品监督管理，保证化妆品质量安全，保障消费者健康，促进化妆品产业健康发展，制定本条例。

注解

化妆品作为一种化学工业产品，能满足人民群众对美的需求，但其直接作用于人体，关乎人民群众的身体健康和生命安全，化妆品的质量安全必须得到保证。曾作为重要监管依据的《化妆品卫生监督条例》于1989年9月26日经国务院批准，于1989年11月13日由卫生部（已撤销）发布，自1990年1月1日起施行。30多年来，化妆品市场蓬勃发展，近年来市场规模年均增长率达10%以上，我国已发展成为全球第二大化妆品市场。[②] 截至2021年9月底，全国共有化妆品生产企业5728家。[③] 快速发展的市场，在带

① 条文主旨为编者所加，下同。

② 《化妆品监管新规出台："美丽"行业将迎来哪些新变化?》，载国家药品监督管理局官网，https://www.nmpa.gov.cn/yaowen/gwyyw/20200629235501566.html，2023年4月3日最后访问。

③ 《药品监督管理统计报告（2021年第三季度）》，载国家药品监督管理局官网，https://www.nmpa.gov.cn/directory/web/nmpa/zwgk/tjxx/tjnb/20220318160852122.html，2023年4月3日最后访问。

来巨大经济利益的同时，也出现了生产企业非法添加可能危害人体健康的禁用物质、美容美发机构擅自配制化妆品、经营企业销售假冒伪劣知名品牌产品等现象，非法添加、虚假宣传、假冒伪劣等问题凸显，亟须解决。

《化妆品卫生监督条例》施行以来，在促进化妆品产业健康发展、保障化妆品质量安全等方面发挥了积极作用，但其重事前审批和政府监管、监管方式比较粗放、法律责任偏轻，已不能适应产业的发展和当前监管实践的需要。在此背景下，我国于2013年启动了《化妆品监督管理条例》的制定工作，历经7年之久，2020年6月16日，《化妆品监督管理条例》公布。

《化妆品监督管理条例》首次提出了注册人、备案人制度，突出企业主体地位，实施风险管理、责任治理、全程治理和社会共治，强化了企业主体责任，确保产品质量安全，保障消费者健康；加强化妆品的监督管理，深化"放管服"改革，鼓励行业创新和成果转化，充分发挥市场机制作用，促进化妆品行业高质量发展；规范化妆品的生产经营活动，严惩假冒伪劣、非法添加等违法行为，加大处罚力度，营造良好营商环境。

配套

《化妆品生产经营监督管理办法》第1条；《化妆品生产质量管理规范》第1条

第二条 【适用范围】在中华人民共和国境内从事化妆品生产经营活动及其监督管理，应当遵守本条例。

注解

本条规定了《化妆品监督管理条例》的适用范围。法律的适用范围，是指法律的时间效力、对人的效力和空间效力。时间效力，是指法律开始生效的时间和终止生效的时间，根据本条例第八十条规定，"本条例自2021年1月1日起施行"。对人的效力，是指法律对哪些主体有效，具体到本条例，包括"从事化妆品生产经营活动及其监督管理"两方面。空间效力，是指法律生效的地域（包括领海、领空），本条例的空间效力是"中华人民共和国境内"。

第三条　【化妆品定义】本条例所称化妆品，是指以涂擦、喷洒或者其他类似方法，施用于皮肤、毛发、指甲、口唇等人体表面，以清洁、保护、美化、修饰为目的的日用化学工业产品。

注解

《化妆品监督管理条例》出台前，国内对化妆品的定义规定不一。《进出口化妆品检验检疫监督管理办法》第四十八条第一项规定，化妆品是指以涂、擦、散布于人体表面任何部位（表皮、毛发、指趾甲、口唇等）或者口腔粘膜、牙齿，以达到清洁、消除不良气味、护肤、美容和修饰目的的产品。《化妆品卫生监督条例》第二条规定，本条例所称的化妆品，是指以涂擦、喷洒或者其他类似的方法，散布于人体表面任何部位（皮肤、毛发、指甲、口唇等），以达到清洁、消除不良气味、护肤、美容和修饰目的的日用化学工业产品。

《化妆品监督管理条例》从我国化妆品行业实际情况出发，结合监管实践，从使用方法、使用部位、使用目的三个维度，进一步明确了化妆品的定义，将一些宣称通过口服、注射等方式起到美容效果的保健品、药品或医疗器械排除在外，科学、准确地界定了化妆品的范围。

应用

1. 有“食品级”儿童化妆品吗?

化妆品和食品分属不同类别，根据不同的法律法规予以规范，适用不同的产品标准，有不同的原料和生产、经营、使用等方面的要求。2021年9月30日国家药监局发布的《儿童化妆品监督管理规定》（国家药监局公告2021年第123号）第十三条规定，化妆品注册人、备案人、受托生产企业应当采取措施避免儿童化妆品性状、气味、外观形态等与食品、药品等产品相混淆，防止误食、误用。儿童化妆品标签不得标注“食品级”“可食用”等词语或者食品有关图案。一些儿童化妆品使用了某些可用于生产食品的原料，就宣传是“食品级”化妆品，实际上是一种误导消费者的营销方式，并不存在“食品级”的儿童化妆品。

配套

《儿童化妆品监督管理规定》第13条

第四条　【分类管理】国家按照风险程度对化妆品、化妆品原料实行分类管理。

化妆品分为特殊化妆品和普通化妆品。国家对特殊化妆品实行注册管理，对普通化妆品实行备案管理。

化妆品原料分为新原料和已使用的原料。国家对风险程度较高的化妆品新原料实行注册管理，对其他化妆品新原料实行备案管理。

注解

本条规定了化妆品和化妆品原料的分类管理。

本条第一款明确了对化妆品和化妆品原料按照风险程度实行分类管理的基本原则。

本条第二款立足我国经济社会和化妆品产业发展现状，借鉴国外监管经验，根据化妆品风险程度高低，将化妆品分为特殊化妆品和普通化妆品。对于风险较高的特殊化妆品，实行注册管理，严格监管，确保安全；对于风险较低的普通化妆品，实行备案管理。

本条第三款改变了《化妆品卫生监督条例》未区分原料风险程度、一律需经过审批的监管思路，对化妆品原料实行分类管理，按照风险程度将化妆品原料分为已使用原料和新原料。对于列入已使用原料目录的化妆品原料，不再需要注册或备案，可由企业按照相关标准使用。对于新原料，再根据风险程度高低，区分为具有较高风险的新原料和其他新原料，分别实施注册和备案管理。本款创新制定了化妆品原料分类管理制度，深化了“放管服”改革，减轻企业审批负担，对促进企业创新、科研成果转化、产品快速上市等意义重大。

第五条　【事权划分】国务院药品监督管理部门负责全国化妆品监督管理工作。国务院有关部门在各自职责范围内负责与化妆品有关的监督管理工作。

县级以上地方人民政府负责药品监督管理的部门负责本行政区域的化妆品监督管理工作。县级以上地方人民政府有关部门在各自职责范围内负责与化妆品有关的监督管理工作。

注解

本条是关于化妆品监督管理事权划分的规定。

本条第一款规定了国务院有关部门化妆品监督管理职责。2018年《国务院机构改革方案》中“二、关于国务院其他机构调整”第一项规定，组建国家药品监督管理局。根据《国家药品监督管理局职能配置、内设机构和人员编制规定》第三条的规定，国家药监局的主要职责包括负责化妆品安全监督管理、标准管理、注册管理、质量管理、上市后风险管理、组织化妆品监督检查、化妆品监督管理领域对外交流与合作，参与相关国际监管规则和标准的制定，指导省、自治区、直辖市药品监督管理部门工作等。

本条第二款明确了地方化妆品监管部门的职责。根据《国家药品监督管理局职能配置、内设机构和人员编制规定》第三条，国家药品监督管理局负责制定药品、医疗器械和化妆品监管制度，并负责药品、医疗器械和化妆品研制环节的许可、检查和处罚。省级药品监督管理部门负责药品、医疗器械和化妆品生产环节的许可、检查和处罚，以及药品批发许可、零售连锁总部许可、互联网销售第三方平台备案及检查和处罚。市县两级市场监督管理部门负责药品零售、医疗器械经营的许可、检查和处罚，以及化妆品经营和药品、医疗器械使用环节质量的检查和处罚。由此可见，此款中“县级以上地方人民政府负责药品监督管理的部门”，指的是省级药品监督管理部门和市县两级市场监督管理部门。另外，县级以上地方人民政府有关部门也应该积极履行自己的职权，在各自职责范围内负责与化妆品有关的监督管理工作。

第六条　【生产经营者义务】化妆品注册人、备案人对化妆品的质量安全和功效宣称负责。

化妆品生产经营者应当依照法律、法规、强制性国家标准、技术规范从事生产经营活动，加强管理，诚信自律，保证化妆品质量安全。

注解

本条是关于化妆品生产经营者法定义务的规定。《化妆品监督管理条例》中所称的“化妆品生产经营者”，既包括化妆品注册人、备案人，化妆品生产企业、受托生产企业，也包括化妆品经营者、化妆品使用者。

本条第一款明确了化妆品注册人、备案人的法定义务。《化妆品监督管理条例》借鉴欧盟的上市许可持有人制度，结合我国监管实际，首次提出化妆品注册人、备案人制度，解决了企业责任主体“生产企业”“生产者”“化妆品生产者”等表述不统一、责任不清晰、质量管理松懈等问题；明确了化妆品注册人、备案人对化妆品的质量安全和功效宣称负责；强化了企业主体责任。

本条第二款是关于化妆品生产经营者法定义务的规定。从事化妆品生产经营活动，除必须遵守《化妆品监督管理条例》《化妆品生产经营监督管理办法》外，如果从事化妆品网络销售活动，还要遵守《电子商务法》《网络交易监督管理办法》《广告法》等规定。除依法外，还要依据强制性国家标准、技术规范从事生产经营活动，要加强管理、诚信自律，保证化妆品质量安全。

配套

《电子商务法》第2条；《广告法》第2条；《网络交易监督管理办法》第2条

第七条　【行业协会义务】化妆品行业协会应当加强行业自律，督促引导化妆品生产经营者依法从事生产经营活动，推动行业诚信建设。

注解

本条是关于行业协会在加强化妆品行业自律方面法定义务的规定。根据《优化营商环境条例》（国务院令第722号）第十七条第一款“除法律、法规另有规定外，市场主体有权自主决定加入或者退出行业协会商会等社会组织，任何单位和个人不得干预”、第二十九条“行业协会商会应当依照法律、法规和章程，加强行业自律，及时反映行业诉求，为市场主体提供信息咨询、宣传培训、市场拓展、权益保护、纠纷处理等方面的服务。国家依法严格规范行业协会商会的收费、评比、认证等行为”、第六十二条第一款“制定与市场主体生产经营活动密切相关的行政法规、规章、行政规范性文件，应当按照国务院的规定，充分听取市场主体、行业协会商会的意见”的规定，行业协会应积极发挥社会共治作用，依法维护成员合法权益，努力推动行业健康发展。

配套

《优化营商环境条例》第17、29、62条

第八条 【消费者协会等组织的义务】 消费者协会和其他消费者组织对违反本条例规定损害消费者合法权益的行为，依法进行社会监督。

注解

本条是关于消费者协会和其他消费者组织的义务的规定。《消费者权益保护法》第三十六条规定，消费者协会和其他消费者组织是依法成立的对商品和服务进行社会监督的保护消费者合法权益的社会组织。该法第三十七条规定，消费者协会履行下列公益性职责：（一）向消费者提供消费信息和咨询服务，提高消费者维护自身合法权益的能力，引导文明、健康、节约资源和保护环境的消费方式；（二）参与制定有关消费者权益的法律、法规、规章和强制性标准；（三）参与有关行政部门对商品和服务的监督、检查；（四）就有关消费者合法权益的问题，向有关部门反映、查询，提出建议；（五）受理消费者的投诉，并对投诉事项进行调查、调解；（六）投诉事项涉及商品和服务质量问题的，可以委托具备资格的鉴定人鉴定，鉴定人应当告知鉴定意见；（七）就损害消费者合法权益的行为，支持受损害的消费者提起诉讼或者依照本法提起诉讼；（八）对损害消费者合法权益的行为，通过大众传播媒介予以揭露、批评。……消费者协会应当认真履行保护消费者合法权益的职责，听取消费者的意见和建议，接受社会监督。依法成立的其他消费者组织依照法律、法规及其章程的规定，开展保护消费者合法权益的活动。从以上规定可以看出，消费者协会和其他消费者组织应依法履行职责，对侵害消费者合法权益的化妆品违法行为进行社会监督，形成社会共治良好局面，不断提升生产经营者守法意识，确保消费者的用妆安全。

配套

《消费者权益保护法》第36、37条

第九条 【鼓励支持研究创新】 国家鼓励和支持开展化妆品研究、创新，满足消费者需求，推进化妆品品牌建设，发挥品牌

引领作用。国家保护单位和个人开展化妆品研究、创新的合法权益。

国家鼓励和支持化妆品生产经营者采用先进技术和先进管理规范，提高化妆品质量安全水平；鼓励和支持运用现代科学技术，结合我国传统优势项目和特色植物资源研究开发化妆品。

注解

本条第一款规定了国家鼓励和支持开展化妆品研究、创新。消费者对化妆品的需求有两方面：一方面要求化妆品满足其对“美”的需求，具有特定的功效；另一方面要求化妆品安全。化妆品的安全水平和功效的提高，需要企业不断加大研发力度，通过研究、创新，发展更安全、功效更加显著的新原料，不断满足消费者对使用化妆品效果的期待。故《化妆品监督管理条例》规定国家鼓励和支持开展化妆品研究、创新，满足消费者需求。

化妆品品牌不仅可以带来价值，还有利于化妆品持续创造价值。加强化妆品品牌建设，可以提升消费者的认可度，也可以使产品比较长远地发展下去。引导企业重视对化妆品品牌建设的投入，推进化妆品品牌建设，促进形成具有广泛认可度、接受度的品牌，以此带动企业更好更快地发展。

为促进化妆品研究和创新，国家保护单位和个人开展化妆品研究、创新的合法权益。国家支持开展化妆品研究和创新单位和个人，采取申请专利、关键技术秘密保护等方式维护自身合法权益。

本条第二款规定了国家鼓励和支持化妆品生产经营者采用先进技术和先进管理规范，提高化妆品质量安全水平；鼓励和支持运用现代科学技术，结合我国传统优势项目和特色植物资源研究开发化妆品。先进技术手段的运用和先进管理规范的采用，对进一步完善质量管理体系、提升质量管理水平、提升企业竞争水平、保障化妆品安全意义重大，故国家应鼓励和支持。我国有着悠久的历史传统和丰富的特色植物资源，积累了不少优秀的传统优势项目，这些对化妆品研究和创新而言，都是宝贵的财富。要充分利用这些传统优势项目和特色植物资源开展化妆品研发，努力提升化妆品的功效和安全水平，不断满足消费者的需求。

第十条　【信息化建设要求】国家加强化妆品监督管理信息化建设，提高在线政务服务水平，为办理化妆品行政许可、备案提供便利，推进监督管理信息共享。

注解

本条是关于加强化妆品监督管理信息化建设的规定。根据《国务院关于加快推进全国一体化在线政务服务平台建设的指导意见》（国发〔2018〕27号）总体要求中"（一）指导思想"的规定，推动"放管服"改革向纵深发展，深入推进"互联网+政务服务"，加快建设全国一体化在线政务服务平台，整合资源，优化流程，强化协同，着力解决企业和群众关心的热点难点问题，推动政务服务从政府供给导向向群众需求导向转变，从"线下跑"向"网上办"、"分头办"向"协同办"转变，全面推进"一网通办"，为优化营商环境、便利企业和群众办事、激发市场活力和社会创造力、建设人民满意的服务型政府提供有力支撑。《国务院关于在线政务服务的若干规定》（国务院令第716号）第二条第一款规定，国家加快建设全国一体化在线政务服务平台（以下简称一体化在线平台），推进各地区、各部门政务服务平台规范化、标准化、集约化建设和互联互通，推动实现政务服务事项全国标准统一、全流程网上办理，促进政务服务跨地区、跨部门、跨层级数据共享和业务协同，并依托一体化在线平台推进政务服务线上线下深度融合。第四条第一款规定，除法律、法规另有规定或者涉及国家秘密等情形外，政务服务事项应当按照国务院确定的步骤，纳入一体化在线平台办理。

《化妆品监督管理条例》积极落实国家"放管服"改革要求，加强化妆品监督管理信息化建设，主动提升在线政务服务水平，为行政相对人办理化妆品行政许可、备案提供了便利，激发了市场动力，优化了营商环境。

第二章　原料与产品

第十一条　【化妆品新原料定义及分类管理】在我国境内首次使用于化妆品的天然或者人工原料为化妆品新原料。具有防腐、防晒、着色、染发、祛斑美白功能的化妆品新原料，经国务院药品监督管理部门注册后方可使用；其他化妆品新原料应当在使用前向国务院药品监督管理部门备案。国务院药品监督管理部门可以根据科学研究的发展，调整实行注册管理的化妆品新原料的范围，经国务院批准后实施。

注解

本条是关于化妆品新原料定义及对新原料实行分类管理的规定。化妆品新原料是指在我国境内首次使用于化妆品的天然或者人工原料。化妆品新原料，是相对于“已使用的原料”而言的。已使用的化妆品原料指已收录于《已使用化妆品原料目录（2021 年版）》的原料。新原料的“新”则强调在我国境内首次用于化妆品，且还未收录于《已使用化妆品原料目录（2021年版）》的原料。

具有防腐、防晒、着色、染发、祛斑美白功能的化妆品新原料，容易对人体产生刺激或者致敏作用等不良反应。《化妆品安全技术规范（2015 年版）》第三章“化妆品准用组分”中，对化妆品准用防腐剂、防晒剂、着色剂及染发剂实行列表管理，并对其使用时的最大允许浓度、使用范围和限制条件、标签上必须标印的使用条件和注意事项等进行了详细的规定。对上述风险程度较高的化妆品新原料，需经国务院药品监督管理部门注册后方可使用；其他化妆品新原料应当在使用前向国务院药品监督管理部门进行备案。此规定体现了分类管理的新理念。

另外，《化妆品监督管理条例》贯彻落实《国务院关于严格控制新设行政许可的通知》(国发〔2013〕39 号)“一、严格行政许可设定标准”中第七项“法律、行政法规或国务院决定规定对需要取得行政许可的产品、活动实施目录管理的，产品、活动目录的制定、调整应当报经国务院批准”的规定，规定了根据科学研究的发展，需要调整实行注册管理的化妆品新原料的范围的，需经国务院批准后才能实施。

第十二条　【化妆品新原料注册、备案提交资料】申请化妆品新原料注册或者进行化妆品新原料备案，应当提交下列资料：

（一）注册申请人、备案人的名称、地址、联系方式；

（二）新原料研制报告；

（三）新原料的制备工艺、稳定性及其质量控制标准等研究资料；

（四）新原料安全评估资料。

注册申请人、备案人应当对所提交资料的真实性、科学性负责。

注解

本条是关于化妆品新原料注册、备案时应当提交资料相关要求的规定。第一款规定了申请化妆品新原料注册或者进行化妆品新原料备案需提交的资料。第二款规定了新原料注册申请人、备案人应当对所提交资料的真实性、科学性负责。关于化妆品新原料注册、备案的相关规定，详见《化妆品注册备案管理办法》（国家市场监督管理总局令第35号）、《化妆品新原料注册备案资料管理规定》（国家药监局公告2021年第31号）。

配套

《化妆品注册备案管理办法》第5—8、12、13条；《化妆品新原料注册备案资料管理规定》第2—12条

第十三条　【新原料注册、备案程序】国务院药品监督管理部门应当自受理化妆品新原料注册申请之日起3个工作日内将申请资料转交技术审评机构。技术审评机构应当自收到申请资料之日起90个工作日内完成技术审评，向国务院药品监督管理部门提交审评意见。国务院药品监督管理部门应当自收到审评意见之日起20个工作日内作出决定。对符合要求的，准予注册并发给化妆品新原料注册证；对不符合要求的，不予注册并书面说明理由。

化妆品新原料备案人通过国务院药品监督管理部门在线政务服务平台提交本条例规定的备案资料后即完成备案。

国务院药品监督管理部门应当自化妆品新原料准予注册之日起、备案人提交备案资料之日起5个工作日内向社会公布注册、备案有关信息。

注解

本条规定了化妆品新原料注册、备案的相关工作程序及时限要求。第一款对化妆品新原料的注册程序和时限要求进行了明确。新原料注册是指注册申请人依照法定条件、程序和要求提出注册申请，有关部门对申请注册的新原料的安全性和质量可控性等进行审查，决定是否同意其注册申请的活动。新原料注册包括受理、技术审评、行政审评等环节。为确保行政相对人权益，本款明确了受理、技术审评的衔接、完成技术审评和作出决定的具体时限。

第二款规定了新原料备案的具体操作方法。此方法能减轻行政相对人负担、提升行政效能，但同时也给监管部门提出了信息化建设的要求。此备案程序无须受理、反馈，强调“提交即完成备案”的“实时性”。

第三款明确了监管部门公布新原料注册、备案信息的时限要求。及时公布此信息，不仅能使行政相对人知道注册备案结果，而且方便社会公众查询和监督，形成监督合力。

配套

《化妆品注册备案管理办法》第9、12—16条

第十四条　【新原料使用安全监测制度】 经注册、备案的化妆品新原料投入使用后3年内，新原料注册人、备案人应当每年向国务院药品监督管理部门报告新原料的使用和安全情况。对存在安全问题的化妆品新原料，由国务院药品监督管理部门撤销注册或者取消备案。3年期满未发生安全问题的化妆品新原料，纳入国务院药品监督管理部门制定的已使用的化妆品原料目录。

经注册、备案的化妆品新原料纳入已使用的化妆品原料目录前，仍然按照化妆品新原料进行管理。

注解

本条规定了化妆品新原料使用安全监测制度。《化妆品注册备案管理办法》第十九条规定，已经取得注册、完成备案的化妆品新原料实行安全监测制度。安全监测的期限为3年，自首次使用化妆品新原料的化妆品取得注册

或者完成备案之日起算。第二十一条规定，化妆品新原料注册人、备案人应当建立化妆品新原料上市后的安全风险监测和评价体系，对化妆品新原料的安全性进行追踪研究，对化妆品新原料的使用和安全情况进行持续监测和评价。化妆品新原料注册人、备案人应当在化妆品新原料安全监测每满一年前30个工作日内，汇总、分析化妆品新原料使用和安全情况，形成年度报告报送国家药品监督管理局。第二十六条规定，化妆品新原料安全监测期满3年后，技术审评机构应当向国家药品监督管理局提出化妆品新原料是否符合安全性要求的意见。对存在安全问题的化妆品新原料，由国家药品监督管理局撤销注册或者取消备案；未发生安全问题的，由国家药品监督管理局纳入已使用的化妆品原料目录。由以上规定可以看出，新原料的注册人、备案人对新原料的使用有监测的法定义务，监管部门有评估和处置的职责。

配 套

《化妆品注册备案管理办法》第19、21、26条

第十五条　【禁用目录制定、公布部门】 禁止用于化妆品生产的原料目录由国务院药品监督管理部门制定、公布。

注 解

本条授权国务院药品监督管理部门制定禁止用于化妆品生产的原料目录。禁止用于化妆品生产的原料是指不能作为化妆品组分用于化妆品生产，而不是指化妆品中不得含有、不得检出禁用原料。为确保化妆品原料安全，《化妆品安全技术规范（2015年版）》第二章规定了化妆品禁限用组分，发布了禁用原料目录，共收录了1388项禁用组分，对禁用原料实施清单管理。随着我国科学技术发展及国际化妆品行业的发展，《〈化妆品安全技术规范（2022年版）〉征求意见稿》，对禁用原料目录进行了动态调整。

应 用

2. 化妆品中检出禁用原料一定违法吗?

答案是不可一概而论。如果在生产企业严格遵守强制性国家标准、安全技术规范、生产质量管理规范的情况下，由于原料杂质、原料带入、生产过程副反应等技术上不可避免的原因，化妆品成品中被检出禁用目录内的物

质，且该物质的含量在化妆品正常及合理可预见的使用条件下不会对人体健康产生危害的，不违法。但是如果生产企业使用了禁止用于化妆品生产的原料，或者未按照强制性国家标准、安全技术规范、生产质量管理规范组织生产，化妆品成品中被检出禁用物质，是违法的。

配套

《化妆品安全技术规范（2015 年版）》第二章；《国家药监局关于更新化妆品禁用原料目录的公告》

第十六条　【化妆品的分类】 用于染发、烫发、祛斑美白、防晒、防脱发的化妆品以及宣称新功效的化妆品为特殊化妆品。特殊化妆品以外的化妆品为普通化妆品。

国务院药品监督管理部门根据化妆品的功效宣称、作用部位、产品剂型、使用人群等因素，制定、公布化妆品分类规则和分类目录。

注解

本条规定了化妆品的分类。本条改变了《化妆品卫生监督条例》根据“用途”将化妆品分为特殊用途化妆品和非特殊用途化妆品的分类方法，而是根据化妆品的安全风险程度对化妆品进行分类，实施分类管理。这是监管部门实现科学监管、精准监管的充分体现。这种管理模式以保证化妆品使用安全为根本出发点，将有限的行政成本最大程度地有效利用，使监管的专业性和有效性得到显著提升。

本条第一款明确了特殊化妆品的范围。用于染发、烫发、祛斑美白、防晒、防脱发的化妆品以及宣称新功效的化妆品为特殊化妆品。《化妆品卫生监督条例》第十条第二款规定，特殊用途化妆品是指用于育发、染发、烫发、脱毛、美乳、健美、除臭、祛斑、防晒的化妆品。《化妆品监督管理条例》根据化妆品行业发展和监管情况，对特殊化妆品的范围进行了合理缩减，不再把育发、脱毛、美乳、健美、除臭 5 类化妆品作为特殊化妆品，而是根据这 5 类产品的风险程度以及作用机理采取不同的管理方式。本条除规定用于染发、烫发、祛斑美白、防晒、防脱发的化妆品为特殊化妆品外，还规定了“宣称新功效的化妆品”为特殊化妆品，对于新功效产品，一方面给予产品研发生产足够的发展空间，鼓励创新；另一方面，按照相对严格的模式进行管理，保障宣称新功效化妆品的安全。另外，本条也明确了普通化妆品的范围。

本条第二款授权国务院药品监督管理部门制定和公布化妆品分类规则和分类目录，并明确制定时应根据化妆品的功效宣称、作用部位、产品剂型、使用人群等因素，解决了实践中一直没有统一的分类规则进行科学分类的难题。

配套

《化妆品分类规则和分类目录》第1—10条

第十七条　【化妆品的分类管理】特殊化妆品经国务院药品监督管理部门注册后方可生产、进口。国产普通化妆品应当在上市销售前向备案人所在地省、自治区、直辖市人民政府药品监督管理部门备案。进口普通化妆品应当在进口前向国务院药品监督管理部门备案。

注解

本条规定了特殊化妆品、国产普通化妆品和进口普通化妆品实行注册或备案管理。本条在《化妆品监督管理条例》第十六条“化妆品的分类”的基础上，进一步明确了分类管理的具体措施，提升了监管效能。因特殊化妆品风险较高，需实施注册许可管理；普通化妆品风险相对较低，实行备案管理。普通化妆品根据产地不同，又区分为国产和进口，通过备案部门层级不同体现监管的不同，进口普通化妆品应当在进口前向国务院药品监督管理部门备案。相较于进口普通化妆品，国产普通化妆品在原料和生产环节方面已采取相应管理措施，风险更明确可控，故向省级药品监督管理部门备案即可。

实践中，根据国务院“放管服”改革要求，国务院药品监督管理部门委托部分省级药品监督管理部门具体承担进口普通化妆品备案管理工作，该职责仍是国务院药品监督管理部门的法定职责。

配套

《化妆品注册备案管理办法》第4—6条

第十八条　【注册、备案主体条件】 化妆品注册申请人、备案人应当具备下列条件：

（一）是依法设立的企业或者其他组织；

（二）有与申请注册、进行备案的产品相适应的质量管理体系；

（三）有化妆品不良反应监测与评价能力。

注解

本条规定了化妆品注册申请人、备案人应当具备的条件。“化妆品注册申请人”是指依法提出化妆品注册申请，但还未取得产品注册证书的主体，其取得产品注册证后即成为化妆品注册人。在实践中，一般包括化妆品研发机构、生产企业、境内责任人等。“化妆品备案人”是指化妆品备案的主体，由于提交备案资料后即完成备案，故不存在备案申请人的概念。

《化妆品监督管理条例》改变了《化妆品卫生监督条例》将化妆品生产者与产品注册者合一的规定，结合行业发展和监管实践，引入“化妆品注册人”“化妆品备案人”制度，明确了其以自己的名义把产品推向市场，对产品的全生命周期质量安全负责，并进一步明确了化妆品注册（申请）人、备案人应当具备的条件。

应用

3. 委托其他生产企业生产的化妆品注册人、备案人还需要建立质量管理体系吗?

答案是肯定的。化妆品注册人、备案人对产品的全生命周期质量安全负责，作为委托方，要建立审核制度，对受托生产企业的生产资质、生产资料管理体系进行审核；建立监督管理制度，对受托生产企业从原料选购到成品出厂检验进行全过程监督，确保受托生产企业合法合规生产，保障化妆品质量安全。

配套

《化妆品生产质量管理规范》第3—9、62条

第十九条　【注册、备案提交资料】申请特殊化妆品注册或者进行普通化妆品备案，应当提交下列资料：

（一）注册申请人、备案人的名称、地址、联系方式；

（二）生产企业的名称、地址、联系方式；

（三）产品名称；

（四）产品配方或者产品全成分；

（五）产品执行的标准；

（六）产品标签样稿；

（七）产品检验报告；

（八）产品安全评估资料。

注册申请人首次申请特殊化妆品注册或者备案人首次进行普通化妆品备案的，应当提交其符合本条例第十八条规定条件的证明资料。申请进口特殊化妆品注册或者进行进口普通化妆品备案的，应当同时提交产品在生产国（地区）已经上市销售的证明文件以及境外生产企业符合化妆品生产质量管理规范的证明资料；专为向我国出口生产、无法提交产品在生产国（地区）已经上市销售的证明文件的，应当提交面向我国消费者开展的相关研究和试验的资料。

注册申请人、备案人应当对所提交资料的真实性、科学性负责。

注解

本条规定了特殊化妆品注册、普通化妆品备案应提交的资料以及资料的要求。这些资料的提交，为后续实施注册审批、备案管理、监督检查奠定了基础。

本条第一款规定了需要提交的具体资料。需要提交什么资料，主要是根据注册技术审批需要以及后续检查中需要重点关注的内容确定的。特殊化妆品和普通化妆品根据风险程度，分别实施注册和备案管理，但在安全性要求方面是一致的，需要提交的产品技术资料也是一致的。

本条第二款规定了首次申请注册或者首次进行备案应提交的资料。根据国产和进口化妆品的不同特点，为确保进口化妆品的安全，对需要提交的资料进行了区分。因国产化妆品生产需取得生产许可证，而进口化妆品生产企业一般在境外，根据平等监管要求，需要求境外生产企业建立符合国际通行的生产质量管理规范或者与我国化妆品生产许可基本等同的质量管理规范，并在申请化妆品注册或者办理化妆品备案时提交相关证明资料。另外，为避免一些安全性不确定的新产品选择在我国首次申请注册上市，给消费者带来风险，要求提交产品在生产国（地区）已经上市销售的证明文件。如果专为向我国出口而生产的，应提交面向我国消费者开展的相关研究和试验的资料。此款所称"生产国（地区）"，既可以是注册申请人、备案人所在国（地区），也可以是生产企业所在国（地区）。

本条第三款强调了注册申请人、备案人应对所提交资料的真实性、科学性负责，强化了企业主体责任，保障产品质量安全。

配套

《化妆品注册备案管理办法》第7条

第二十条　【注册、备案程序】国务院药品监督管理部门依照本条例第十三条第一款规定的化妆品新原料注册审查程序对特殊化妆品注册申请进行审查。对符合要求的，准予注册并发给特殊化妆品注册证；对不符合要求的，不予注册并书面说明理由。已经注册的特殊化妆品在生产工艺、功效宣称等方面发生实质性变化的，注册人应当向原注册部门申请变更注册。

普通化妆品备案人通过国务院药品监督管理部门在线政务服务平台提交本条例规定的备案资料后即完成备案。

省级以上人民政府药品监督管理部门应当自特殊化妆品准予注册之日起、普通化妆品备案人提交备案资料之日起5个工作日内向社会公布注册、备案有关信息。

注解

本条规定了化妆品注册审批、备案、信息公布的程序。

本条第一款规定了特殊化妆品注册审批程序。根据《化妆品注册备案管理办法》第三条第一款规定，化妆品、化妆品新原料注册，是指注册申请人依照法定程序和要求提出注册申请，药品监督管理部门对申请注册的化妆品、化妆品新原料的安全性和质量可控性进行审查，决定是否同意其申请的活动。为保证特殊化妆品注册的科学、公正，《化妆品注册备案管理办法》第五十四条规定，药品监督管理部门、技术审评、现场核查、检验机构及其工作人员应当严格遵守法律、法规、规章和国家药品监督管理局的相关规定，保证相关工作科学、客观和公正。对符合要求的，准予注册并发给特殊化妆品注册证；对不符合要求的，不予注册并书面说明理由。

已经注册的特殊化妆品，注册人应当向原注册部门申请变更注册的情形为化妆品的生产工艺、功效宣称等方面发生实质性变化。生产工艺发生实质性变化会导致产品执行的标准、技术要求等发生变化，这会影响产品的质量和安全。功效宣称发生实质性改变，比如宣称“祛斑美白”的化妆品增加“防晒”功能宣称，产品的安全性要求会发生变化，注册人应当向原注册部门申请变更注册，补充提交相关技术资料，以确保产品的安全性。

本条第二款规定了普通化妆品备案的程序。《化妆品注册备案管理办法》第三条第二款规定，化妆品、化妆品新原料备案，是指备案人依照法定程序和要求，提交表明化妆品、化妆品新原料安全性和质量可控性的资料，药品监督管理部门对提交的资料存档备查的活动。备案与注册相比，无受理、审查、决定等程序，也无工作时限，告知即为备案。通过国务院药品监督管理部门在线政务服务平台提交本条例规定的备案资料后即完成备案。监管部门要加强信息化建设，满足备案要求。

本条第三款规定了省级以上人民政府药品监督管理部门向社会公布注册、备案的工作时限要求：应当自特殊化妆品准予注册之日起、普通化妆品备案人提交备案资料之日起5个工作日内向社会公布注册、备案有关信息。这一规定有利于督促监管部门及时公布相关信息，有利于公众查询，更有利于保障消费者的知情权和监督权，实施社会共治。

第二十一条　【安全评估制度】化妆品新原料和化妆品注册、备案前，注册申请人、备案人应当自行或者委托专业机构开展安全评估。

从事安全评估的人员应当具备化妆品质量安全相关专业知识，并具有5年以上相关专业从业经历。

注解

本条规定了化妆品新原料和化妆品安全评估制度。开展化妆品安全评估能很好地保障化妆品的安全性。本条第一款中的“安全评估”，是指运用科学资料、采用科学方法，对化妆品新原料及化妆品中危害人体健康的已知或潜在的不良影响进行科学评价，有效反映其潜在风险的活动。安全评估是评价一个原料或者化妆品是否安全的有效手段。

应用

4. 从事安全评估的人员应符合什么要求?

根据《化妆品安全评估技术导则（2021年版）》的规定，化妆品安全评估人员应符合以下要求：(1) 具有医学、药学、生物学、化学或毒理学等化妆品质量安全相关专业知识，了解化妆品成品或原料生产过程和质量安全控制要求，并具有5年以上相关专业从业经历。(2) 能查阅和分析化学、毒理学等相关文献信息，分析、评估和解释相关数据。(3) 能公平、客观地分析化妆品的安全性，在全面分析所有可获得的数据和暴露条件的基础上，开展安全评估工作，并对评估报告的科学性、准确性、真实性和可靠性负责。(4) 能通过定期接受相应的专业培训等方式，学习安全评估的相关知识，了解和掌握新的安全评估理论、技术和方法，并用于实践。

配套

《化妆品安全评估技术导则（2021年版）》

第二十二条　【功效宣称要求】化妆品的功效宣称应当有充分的科学依据。化妆品注册人、备案人应当在国务院药品监督管理部门规定的专门网站公布功效宣称所依据的文献资料、研究数据或者产品功效评价资料的摘要，接受社会监督。

注解

本条规定了功效宣称方面的要求。化妆品注册人、备案人进行化妆品功效宣称，首先应有充分的科学依据，其次应依法公布相关资料，并接受社会监督。《化妆品监督管理条例》在充分考虑国际惯例和化妆品行业发展实际的基础上，采用社会共治的方式，要求注册人、备案人应在国务院药品监督管理部门规定的专门网站公布功效宣称所依据的相关资料，而未将功效宣称纳入行政审批或备案管理。同时，为兼顾注册人、备案人商业秘密的保护，要求其公布功效宣称所依据的文献资料、研究数据或者产品功效评价资料的摘要，而非全部的试验数据和研究资料，强调了“充分的科学依据”。

根据《化妆品功效宣称评价规范》第二十条规定，本条中的“文献资料”，是指通过检索等手段获得的公开发表的科学研究、调查、评估报告和著作等，包括国内外现行有效的法律法规、技术文献等。文献资料应当标明出处，确保有效溯源，相关结论应当充分支持产品的功效宣称。“研究数据”，是指通过科学研究等手段获得的尚未公开发表的与产品功效宣称相关的研究结果。研究数据应当准确、可靠，相关研究结果能够充分支持产品的功效宣称。

应用

5. 所有化妆品的功效宣称都需要公布所依据的摘要吗？

答案是否定的。根据《化妆品功效宣称评价规范》第七条的规定，能够通过视觉、嗅觉等感官直接识别的（如清洁、卸妆、美容修饰、芳香、爽身、染发、烫发、发色护理、脱毛、除臭和辅助剃须剃毛等），或者通过简单物理遮盖、附着、摩擦等方式发生效果（如物理遮盖祛斑美白、物理方式去角质和物理方式去黑头等）且在标签上明确标识仅具物理作用的功效宣称，可免予公布产品功效宣称依据的摘要。

配套

《化妆品功效宣称评价规范》第 7、20 条

第二十三条　【境内责任人制度】境外化妆品注册人、备案人应当指定我国境内的企业法人办理化妆品注册、备案，协助开展化妆品不良反应监测、实施产品召回。

注解

本条是关于境外化妆品注册人、备案人指定的境内法人，即境内责任人制度的规定。当化妆品的注册人、备案人在境外时，为更好地落实化妆品质量安全责任，提高化妆品注册备案工作效率，化妆品注册人和备案人应当指

定我国境内的企业法人为境内责任人，为其办理产品注册、备案等工作。值得注意的是，是否需要指定境内责任人，关键是看注册人是在境内还是境外，而不是看化妆品是进口还是国产。比如我国境内的化妆品注册人、备案人委托境外的生产企业为其生产进口化妆品，就不需要指定“境内责任人”。再如，境外的注册人、备案人委托境内的生产企业为其生产国产化妆品，因其在境外，需要指定“境内责任人”，并由“境内责任人”协助其办理化妆品的注册备案，并协助开展化妆品不良反应监测、实施产品召回。

应用

6. 境内责任人应履行哪些法定义务?

根据《化妆品注册备案管理办法》第八条的规定，注册人、备案人在境外的，应当指定我国境内的企业法人作为境内责任人。境内责任人应当履行以下义务：(1) 以注册人、备案人的名义，办理化妆品、化妆品新原料注册、备案；(2) 协助注册人、备案人开展化妆品不良反应监测、化妆品新原料安全监测与报告工作；(3) 协助注册人、备案人实施化妆品、化妆品新原料召回工作；(4) 按照与注册人、备案人的协议，对投放境内市场的化妆品、化妆品新原料承担相应的质量安全责任；(5) 配合药品监督管理部门的监督检查工作。

配套

《化妆品注册备案管理办法》第8条

第二十四条　【注册期限及延续注册】 特殊化妆品注册证有效期为5年。有效期届满需要延续注册的，应当在有效期届满30个工作日前提出延续注册的申请。除有本条第二款规定情形外，国务院药品监督管理部门应当在特殊化妆品注册证有效期届满前作出准予延续的决定；逾期未作决定的，视为准予延续。

有下列情形之一的，不予延续注册：

(一) 注册人未在规定期限内提出延续注册申请；

(二) 强制性国家标准、技术规范已经修订，申请延续注册的化妆品不能达到修订后标准、技术规范的要求。

注解

本条规定了特殊化妆品注册证的有效期及延续注册的相关要求。本条第一款规定了特殊化妆品注册证的有效期限以及延续注册的程序，特别明确了延续注册的提出时间。为了保障行政相对人的利益，要求国务院药品监督管理部门除有本条第二款规定情形外，需在法定时限内作出准予延续的决定，逾期未作出决定的，即视为准予延续。本条第二款规定了不予延续注册的法定情形。

第二十五条　【标准制定及公开】国务院药品监督管理部门负责化妆品强制性国家标准的项目提出、组织起草、征求意见和技术审查。国务院标准化行政部门负责化妆品强制性国家标准的立项、编号和对外通报。

化妆品国家标准文本应当免费向社会公开。

化妆品应当符合强制性国家标准。鼓励企业制定严于强制性国家标准的企业标准。

注解

本条规定了化妆品标准的制定和公开等事项。

本条第一款对化妆品强制性国家标准制定的部门职责分工进行了明确。《标准化法》第十条第一款、第二款规定："对保障人身健康和生命财产安全、国家安全、生态环境安全以及满足经济社会管理基本需要的技术要求，应当制定强制性国家标准。国务院有关行政主管部门依据职责负责强制性国家标准的项目提出、组织起草、征求意见和技术审查。国务院标准化行政主管部门负责强制性国家标准的立项、编号和对外通报。国务院标准化行政主管部门应当对拟制定的强制性国家标准是否符合前款规定进行立项审查，对符合前款规定的予以立项。"化妆品关乎人体健康，为保障其质量和安全，应当制定强制性国家标准。按照《标准化法》中"国务院有关行政主管部门依据职责负责强制性国家标准的项目提出、组织起草、征求意见和技术审查"的规定，由化妆品主管部门即国务院药品监督管理部门，负责化妆品强制性国家标准的项目提出、组织起草、征求意见和技术审查。强制性国家标准的立项、编号和对外通报，则统一由国务院标准化行政主管部门即国家市场监督管理总局负责。

本条第二款明确了化妆品国家标准文本的免费公开要求。《标准化法》第十七条规定，强制性标准文本应当免费向社会公开。国家推动免费向社会公开推荐性标准文本。标准文本应当免费向社会公开，是指强制性国家标准文本、推荐性国家标准文本都要公开，向全社会免费公开。

本条第三款规定了化妆品应当符合强制性国家标准。鼓励企业制定严于强制性国家标准的企业标准。化妆品应当符合强制性国家标准，这是必须要达到的最低要求。《标准化法》第二十一条规定，推荐性国家标准、行业标准、地方标准、团体标准、企业标准的技术要求不得低于强制性国家标准的相关技术要求。国家鼓励社会团体、企业制定高于推荐性标准相关技术要求的团体标准、企业标准。故本款提出了鼓励企业制定更为严格的企业标准的倡导性意见，这样有利于强化主体责任，推动企业生产更安全的产品，促进整个行业质量安全管理水平的提升。

第三章　生产经营

第二十六条　【生产条件】从事化妆品生产活动，应当具备下列条件：

（一）是依法设立的企业；

（二）有与生产的化妆品相适应的生产场地、环境条件、生产设施设备；

（三）有与生产的化妆品相适应的技术人员；

（四）有能对生产的化妆品进行检验的检验人员和检验设备；

（五）有保证化妆品质量安全的管理制度。

注解

本条规定了从事化妆品生产活动应具备的条件。从主体资格、生产场所、专业人员、检验能力、管理制度五个方面，明确了从事化妆品生产活动应具备的条件。

本条第一项对生产主体资格进行了明确要求，强调必须是依法设立的企业，而非“自然人”“个体工商户”“合伙组织”等非法人主体。

本条第二项对生产场地、环境条件、设施设备方面进行要求。《化妆品生产质量管理规范》第十九条也规定，企业应当具备与生产的化妆品品种、数量和生产许可项目等相适应的生产场地和设施设备。生产场地选址应当不受有毒、有害场所以及其他污染源的影响，建筑结构、生产车间和设施设备应当便于清洁、操作和维护。

本条第三项明确了从事化妆品生产活动，应配备与生产的化妆品相适应的技术人员。化妆品生产对人员的专业性、技术性要求较高，需要配备与生产的化妆品品种、数量和生产许可项目等相适应的技术人员和检验人员。

本条第四项是关于检验能力的要求，包括检验人员和检验设备两个方面。企业加强内部质量控制和质量检验，是落实企业主体责任、保证化妆品质量安全的重要举措。生产企业应根据自身生产规模情况，结合检验需求，建立相应的实验室或者配置相应的设施设备，配备专业检验人员，建立相应的检验制度，具备相应的检验条件和能力。

本条第五项是关于建立化妆品质量安全管理制度的规定。生产企业要建立完善质量管理体系，内容应包括质量管理制度、质量标准、生产工艺规程、全过程追溯机制、机构设置及岗位职责等，不断规范化妆品生产活动。

配套

《化妆品生产质量管理规范》第 3—9、19—24 条

第二十七条　【生产许可程序】从事化妆品生产活动，应当向所在地省、自治区、直辖市人民政府药品监督管理部门提出申请，提交其符合本条例第二十六条规定条件的证明资料，并对资料的真实性负责。

省、自治区、直辖市人民政府药品监督管理部门应当对申请资料进行审核，对申请人的生产场所进行现场核查，并自受理化妆品生产许可申请之日起 30 个工作日内作出决定。对符合规定条件的，准予许可并发给化妆品生产许可证；对不符合规定条件的，不予许可并书面说明理由。

化妆品生产许可证有效期为5年。有效期届满需要延续的，依照《中华人民共和国行政许可法》的规定办理。

注解

本条规定了化妆品生产许可的程序。化妆品作为一种化工产品，直接作用于人体，其质量关乎人民群众的身体健康和生命安全，必须对其生产活动实行严格监管，进行行政许可管理，从源头上控制产品风险。

本条第一款规定了化妆品生产许可的审批部门和资料要求。

本条第二款规定了具体的许可审查程序和时限要求。这里需要注意的是，根据《行政许可法》第四十五条“行政机关作出行政许可决定，依法需要听证、招标、拍卖、检验、检测、检疫、鉴定和专家评审的，所需时间不计算在本节规定的期限内。行政机关应当将所需时间书面告知申请人”的规定，化妆品生产许可审查过程中，出现上述事项时不计入许可时限。

本条第三款规定了化妆品生产许可证的有效期。对有效期届满需要延续的，依照《行政许可法》第五十条“被许可人需要延续依法取得的行政许可的有效期的，应当在该行政许可有效期届满三十日前向作出行政许可决定的行政机关提出申请。但是，法律、法规、规章另有规定的，依照其规定。行政机关应当根据被许可人的申请，在该行政许可有效期届满前作出是否准予延续的决定；逾期未作决定的，视为准予延续”的规定执行。

配套

《行政许可法》第45、50条

第二十八条　【生产方式与委托生产】 化妆品注册人、备案人可以自行生产化妆品，也可以委托其他企业生产化妆品。

委托生产化妆品的，化妆品注册人、备案人应当委托取得相应化妆品生产许可的企业，并对受委托企业（以下称受托生产企业）的生产活动进行监督，保证其按照法定要求进行生产。受托生产企业应当依照法律、法规、强制性国家标准、技术规范以及合同约定进行生产，对生产活动负责，并接受化妆品注册人、备案人的监督。

注解

本条规定了化妆品生产方式及委托生产的要求。《化妆品监督管理条例》首次提出化妆品注册人、备案人制度，要求化妆品注册人、备案人应当是依法设立的企业或者其他组织，改变了《化妆品卫生监督条例》中将化妆品生产者与产品注册者合一的规定。化妆品注册人、备案人，可以是取得生产许可的化妆品生产企业，也可以是未取得生产许可的研发机构、经营企业、使用机构或其他组织。

本条第一款规定，化妆品注册人、备案人可以自行生产化妆品，也可以委托其他企业生产化妆品。即化妆品注册人、备案人可以自行生产其注册或备案的产品，也可以委托有资质的生产企业生产其注册或备案的化妆品。但不管是哪一种情况，化妆品注册人、备案人都必须对其注册、备案产品的质量安全和功效宣称负责。

本条第二款规定了委托生产化妆品需注意的重点事项。化妆品注册人、备案人委托生产的，应对受托生产企业的生产许可、场所条件、技术水平、质量管理等情况，进行认真考核、审慎选择，确保其具备受托生产能力；注册人、备案人应对受托生产企业生产情况进行监督，保证其按照法定要求进行生产，具体而言，注册人、备案人应为受托生产企业提供生产产品所必需的技术资料，与受托生产企业签订委托生产协议，明确双方的权利义务，细化质量安全要求，确保受托生产企业按照法定要求、技术要求组织生产。本款在明确化妆品注册人、备案人义务的同时，按照权责一致的原则，对受托生产企业也设立了相关义务，规定了受托生产企业应当依照法律、法规、强制性国家标准、技术规范以及合同约定进行生产，对生产活动负责，并接受化妆品注册人、备案人的监督。

配套

《化妆品生产经营监督管理办法》第26、31、32条；《化妆品生产质量管理规范》第46—57条

第二十九条　【生产过程质量管理】化妆品注册人、备案人、受托生产企业应当按照国务院药品监督管理部门制定的化妆品生产质量管理规范的要求组织生产化妆品，建立化妆品生产质

量管理体系，建立并执行供应商遴选、原料验收、生产过程及质量控制、设备管理、产品检验及留样等管理制度。

化妆品注册人、备案人、受托生产企业应当按照化妆品注册或者备案资料载明的技术要求生产化妆品。

注解

本条规定了化妆品生产过程质量管理要求。

本条第一款明确规定化妆品生产要按照化妆品生产质量管理规范的要求组织，要建立化妆品生产质量管理体系和建立并执行相关质量管理制度。《化妆品生产质量管理规范》是国务院药品监督管理部门为确保化妆品质量而制定的系统性规范，也是化妆品生产质量管理的制度依据和基石，更是化妆品生产管理和质量控制的基本要求。本条规定也可以理解为对国务院药品监督管理部门制定规范的授权。督促企业落实好规范是化妆品监管的重要内容。质量管理体系的建立并有效运行，是生产合格化妆品的重要保障，是保证化妆品生产全过程持续符合法定要求的重要措施。建立并执行供应商遴选、原料验收、生产过程及质量控制、设备管理、产品检验及留样等管理制度，把法律法规转化为企业制度，对加强化妆品生产质量管理、严格重点环节的质量控制、保证化妆品的质量安全，意义重大。

本条第二款规定了化妆品注册人、备案人、受托生产企业应按照技术要求组织生产。化妆品注册（申请）人、备案人在申请注册或者备案时，除提交主体和产品相关信息外，还要提交产品配方或产品全成分、产品执行标准、产品标签样稿等技术要求资料。在完成注册或备案后，化妆品注册人、备案人和受托生产企业应当按照经批准或备案的技术要求生产化妆品。

这里需要注意的是，化妆品注册人、备案人不管是自行生产还是委托生产，都应履行本条规定的法定义务，都应对产品质量安全和功效宣称负责。

应用

7. 化妆品注册人、备案人应当如何对产品留样？留样数量如何确定？

依据《化妆品生产经营监督管理办法》第三十一条、《化妆品注册备案资料管理规定》第十四条、《化妆品生产质量管理规范》第十八条的规定，化妆品注册人、备案人应当对每批次出厂的产品留样。该留样制度的目的是保证产品质量安全可追溯，压实化妆品注册人、备案人对产品质量安全的主体责任；同时在已销售的产品出现质量安全问题以及被假冒等情形时，便于查验每批次产品的合法性和安全性。

在留样制度的实际执行中，根据上述规定，同时为节约企业经营成本，综合考虑不同的产品类别、包装规格、成品状态等因素，国家药监局化妆品监管司参考监管工作实际并结合行业调研情况，梳理了市场上销售的常见产品的留样数量（见下表），供广大企业在生产经营实践中参考。对于下表中未列的产品类型，请化妆品注册人、备案人按照法规要求自行确定留样数量。

化妆品注册人、备案人产品留样数量参考表

序号	产品类别	留样数量参考量
1	染发类产品	≥3 个包装且总量≥90g 或 mL
2	祛斑/美白类产品	≥3 个包装且总量≥50g 或 mL
3	彩妆类产品	≥3 个包装且总量≥60g 或 mL
4	护肤类产品	≥3 个包装且总量≥80g 或 mL
5	防晒类产品	≥3 个包装且总量≥50g 或 mL
6	宣称祛痘类产品	≥3 个包装且总量≥200g 或 mL
7（1）	面膜类产品（面贴式）	单片独立包装产品： ≥7 贴且总量≥140g 或 mL
		盒装产品：≥3 盒（≥7 贴） 且总量≥140g 或 mL
7（2）	面膜类产品（涂抹式）	≥3 个包装且总量≥80g 或 mL
8	洗发护发类产品	≥3 个包装且总量≥50g 或 mL
9	指（趾）甲油类产品	≥6 个包装且总量≥30g 或 mL
10	牙膏	≥3 个包装且总量≥80g 或 mL

注：彩妆类产品净含量低于 1g 的，在成品留样的同时，可以结合其半成品对产品进行留样，留样应当满足产品质量检验的需求。

8. 进口化妆品注册人、备案人对其进口中国的化妆品应在哪里留样?

2021年11月，国家药监局发布《关于贯彻执行〈化妆品生产经营监督管理办法〉有关事项的公告》(国家药监局公告2021年第140号)，公告中“二、关于化妆品生产管理”规定，2022年1月1日后境外化妆品注册人、备案人应当对其进口中国的每批次产品进行留样，样品及记录交由境内责任人保存。分多次进口同一生产批次产品的，应当至少于首次进口时留样一次。

根据《化妆品生产质量管理规范》第五十六条的规定，委托生产的化妆品注册人、备案人应当在其住所或者主要经营场所留样，也可以在其住所或者主要经营场所所在地的其他经营场所留样。对“其住所或者主要经营场所所在地”中“所在地”的理解，通常认定为不超出同一地级市或者同一直辖市的行政区域内。境内责任人保存留样的，其留样地点的选择应当参照上述规定执行。留样地点的选择，应当能够满足法律法规的规定和标签标示的产品贮存要求。

配套

《化妆品生产经营监督管理办法》第4、6、9、24—28条；《化妆品注册备案资料管理规定》第14条；《化妆品生产质量管理规范》第18、56条

第三十条　【原料及包装材料要求】化妆品原料、直接接触化妆品的包装材料应当符合强制性国家标准、技术规范。

不得使用超过使用期限、废弃、回收的化妆品或者化妆品原料生产化妆品。

注解

本条规定了对化妆品原料及包装材料的要求。

本条第一款强调化妆品原料、直接接触化妆品的包装材料应当符合强制性国家标准、技术规范。《化妆品监督管理条例》与《化妆品卫生监督条例》相比，更加重视原料的管理，敢于面对当前化妆品监管的重点与难点问题，有利于从源头堵塞监管漏洞、提高监管效能、有效保障化妆品的质量安全。

化妆品原料是组成化妆品的基础，一般来说，化妆品是由多种原料按照配方比例加工、制备而成的混合物，是化妆品整个生命周期的源头。可以说，原料的安全与作用直接影响化妆品成品的安全与性能。直接接触化妆品

的包装材料，安全至关重要，不得与化妆品及其原料发生化学反应，不得迁移或者释放对人体产生危害的物质。综上，化妆品原料和直接接触化妆品包装材料的质量安全，直接决定着化妆品安全与否，直接关乎消费者的身体健康和生命安全，必须符合强制性国家标准和技术规范。

本条第二款以列举的方式强调不得用于化妆品生产的几种原料。本款中“使用期限”是指，该原料或者化妆品在标签指明的储存条件下保持相应质量的期限。超过有效期、受污染、变质或者其他原因被废弃，产能过剩、库存较多或其他原因被回收的化妆品半成品、成品或者原料，安全无法保障或者存在安全隐患，禁止用于化妆品生产。

第三十一条　【化妆品生产质量管理制度】 化妆品注册人、备案人、受托生产企业应当建立并执行原料以及直接接触化妆品的包装材料进货查验记录制度、产品销售记录制度。进货查验记录和产品销售记录应当真实、完整，保证可追溯，保存期限不得少于产品使用期限届满后 1 年；产品使用期限不足 1 年的，记录保存期限不得少于 2 年。

化妆品经出厂检验合格后方可上市销售。

注解

本条是关于化妆品生产环节应建立并执行质量管理制度的规定。

本条第一款强调化妆品注册人、备案人、受托生产企业应当建立并执行进货查验和产品销售记录制度，要求其建立覆盖上市前对原料、直接接触化妆品的包装材料的进货查验记录体系和上市后销售记录体系。该追溯体系实现了生产活动的全程可追溯，能有效防控化妆品生产环节风险，保障化妆品的质量安全。

《化妆品生产经营监督管理办法》第三十二条和《化妆品生产质量管理规范》第十四条对本款规定进行了细化，规定企业应当建立并执行追溯管理制度，对原料、内包材、半成品、成品制定明确的批号管理规则，与每批产品生产相关的所有记录应当相互关联，保证物料采购、产品生产、质量控制、贮存、销售和召回等全部活动可追溯。上述规定旨在进一步强化企业主体责任，保障消费者的安全权益。

值得注意的是,《化妆品生产经营监督管理办法》第三十二条第二款规定,委托生产化妆品的,原料以及直接接触化妆品的包装材料进货查验等记录可以由受托生产企业保存。在实践中,化妆品注册人、备案人与受托生产企业之间应当通过委托生产协议,明确双方在原料和直接接触化妆品的包装材料进货查验、产品销售记录方面的分工并相互监督,确保化妆品质量安全。原料及直接接触包装材料如果由化妆品注册人、备案人提供,受托生产企业应对其进行查验,索取相关检验报告及材料,确认符合相关规定后才投入生产;如果原料及直接接触包装材料由受托生产企业自行提供,注册人、备案人应加强对受托生产活动的监督,保证其按照法定要求做好原料采购及进货查验等事项。

本条第二款对化妆品上市销售前必须经出厂检验合格作出明确规定。出厂检验是化妆品生产质量管理中的重要环节,是确保化妆品质量安全的最后一道关口。化妆品注册人、备案人、受托生产企业应依照强制性国家标准、安全技术规范和产品技术要求,明确产品出厂项目,制定检验标准,安排专业人员开展出厂检验。可以自行开展,也可委托有资质的第三方检验机构进行。

配套

《化妆品生产经营监督管理办法》第 32 条;《化妆品生产质量管理规范》第 14 条

第三十二条　【质量安全负责人制度】化妆品注册人、备案人、受托生产企业应当设质量安全负责人,承担相应的产品质量安全管理和产品放行职责。

质量安全负责人应当具备化妆品质量安全相关专业知识,并具有 5 年以上化妆品生产或者质量安全管理经验。

注解

本条规定了质量安全负责人制度。

本条第一款明确了质量安全负责人制度及相关职责。"质量安全负责人"制度,是《化妆品监督管理条例》一项重要的制度创新,强调了化妆品是日常消费品,更是人体健康产品。该制度的提出,对强化企业主体责任,确保公众用妆安全,助推企业高质量发展等具有重要意义。质量安全负责人作为企业质量安全管理的“关键岗位”之一，是企业落实安全主体责任的关键，更是确保企业质量管理体系有效运转、各环节安全质量管理责任有效落实的关键。质量安全负责人应负责建立及运行质量管理体系的各项具体制度、决策产品质量问题、组织开展企业自查和产品召回等质量管理活动，落实产品放行、化妆品上市销售不良反应监测工作等。

本条第二款明确了质量安全负责人的从业条件及要求。质量安全负责人的能力和水平与企业质量管理水平息息相关，与化妆品质量安全紧密相连，故必须对质量安全负责人的从业条件提出要求。首先，质量安全负责人应具备化妆品、化学、化工、生物、医学、药学、食品、公共卫生或者法学等专业背景，具备质量安全管理专业知识。其次，质量安全负责人应具有5年以上化妆品生产或质量安全管理经验，具备质量管理相关能力。

应用

9. 质量安全负责人的从业要求和职责是什么?

根据《化妆品生产质量管理规范》第七条的规定，企业应当设质量安全负责人，质量安全负责人应当具备化妆品、化学、化工、生物、医学、药学、食品、公共卫生或者法学等化妆品质量安全相关专业知识，熟悉相关法律法规、强制性国家标准、技术规范，并具有5年以上化妆品生产或者质量管理经验。

质量安全负责人应当协助法定代表人承担下列相应的产品质量安全管理和产品放行职责:

（一）建立并组织实施本企业质量管理体系，落实质量安全管理责任，定期向法定代表人报告质量管理体系运行情况;

（二）产品质量安全问题的决策及有关文件的签发;

（三）产品安全评估报告、配方、生产工艺、物料供应商、产品标签等的审核管理，以及化妆品注册、备案资料的审核（受托生产企业除外）;

（四）物料放行管理和产品放行;

（五）化妆品不良反应监测管理。

质量安全负责人应当独立履行职责，不受企业其他人员的干扰。根据企业质量管理体系运行需要，经法定代表人书面同意，质量安全负责人可以指定本企业的其他人员协助履行上述职责中除（一）（二）外的其他职责。被指定人员应当具备相应资质和履职能力，且其协助履行上述职责的时间、具体事项等应当如实记录，确保协助履行职责行为可追溯。质量安全负责人应当对协助履行职责情况进行监督，且其应当承担的法律责任并不转移给被指定人员。

配套

《化妆品生产经营监督管理办法》第28、58条；《化妆品生产质量管理规范》第7条

第三十三条　【从业人员健康管理制度】化妆品注册人、备案人、受托生产企业应当建立并执行从业人员健康管理制度。患有国务院卫生主管部门规定的有碍化妆品质量安全疾病的人员不得直接从事化妆品生产活动。

注解

本条规定了化妆品从业人员健康管理制度。化妆品是一种直接作用于人体的化工产品，其生产过程不能受到污染。这就要求直接接触化妆品的相关从业人员不能患有某些疾病。为预防传染病的传播、保证化妆品的安全、保障消费者的身体健康和生命安全，本条规定了化妆品从业人员健康管理制度。

本条中“直接从事化妆品生产活动”，是指从事化妆品生产、检验和仓库管理等活动。“患有国务院卫生主管部门规定的有碍化妆品质量安全疾病”，是指由国务院卫生主管部门规定的，可能影响化妆品质量安全的疾病，一般包括痢疾、伤寒、病毒性肝炎、活动性肺结核、手部皮肤病（手癣、指甲癣、手部湿疹、发生于手部的银屑病或者鳞屑）和化脓性或者渗出性皮肤病等疾病。

《化妆品生产质量管理规范》对本条规定进行了细化，该规范性文件第十一条第一款规定，企业应当建立并执行从业人员健康管理制度。直接从事化妆品生产活动的人员应当在上岗前接受健康检查，上岗后每年接受健康检查。患有国务院卫生主管部门规定的有碍化妆品质量安全疾病的人员不得直接从事化妆品生产活动。企业应当建立从业人员健康档案，至少保存3年。

配套

《化妆品生产质量管理规范》第 11 条

第三十四条　【自查及整改制度】 化妆品注册人、备案人、受托生产企业应当定期对化妆品生产质量管理规范的执行情况进行自查；生产条件发生变化，不再符合化妆品生产质量管理规范要求的，应当立即采取整改措施；可能影响化妆品质量安全的，应当立即停止生产并向所在地省、自治区、直辖市人民政府药品监督管理部门报告。

注解

本条规定了化妆品注册人、备案人、受托生产企业自查和整改制度。根据《化妆品监督管理条例》第二十九条的规定，化妆品生产必须严格执行化妆品生产质量管理规范。在实践中，某些化妆品生产企业因从业人员、设施设备、环境条件及操作程序等方面的改变，可能会出现生产过程不符合质量管理规范的情况，这就需要化妆品注册人、备案人、受托生产企业定期对化妆品生产质量规范的执行情况进行自查，防控安全隐患和安全事故的发生。"定期"，原则上一年不得少于一次。"生产条件发生变化"，主要包括生产场地、环境条件、设施设备、管理机构和技术人员、质量检验、质量管理制度运行等方面的情况发生变化。当发生上述变化时，企业应当立即采取整改措施。当出现可能影响化妆品质量安全的情形时，企业应立即停止生产并向所在地省级药品监督管理部门报告。这里需要注意的是，停产并报告监管部门只是企业需要做的第一步，后面还需要第一时间进行原因分析、积极整改。当发现产品有缺陷时，还应当主动采取召回等处置措施，确保上市产品的质量安全。

配套

《化妆品生产质量管理规范》第 63 条

第三十五条　【标签管理规定】 化妆品的最小销售单元应当有标签。标签应当符合相关法律、行政法规、强制性国家标准，内容真实、完整、准确。

进口化妆品可以直接使用中文标签，也可以加贴中文标签；加贴中文标签的，中文标签内容应当与原标签内容一致。

注解

本条规定了化妆品标签管理要求。化妆品标签是向消费者传递产品基本信息、属性特征、功效宣称和安全警示等内容的主要载体，真实、完整、准确的标签标注是确保消费者正确、合理、安全使用产品的必要保障。

本条第一款明确了化妆品标签的基本要求。对本款中的“标签”，《化妆品标签管理办法》第三条进行了明确规定：本办法所称化妆品标签，是指产品销售包装上用以辨识说明产品基本信息、属性特征和安全警示等的文字、符号、数字、图案等标识，以及附有标识信息的包装容器、包装盒和说明书。“最小销售单元”，依据《化妆品标签管理办法》第二十二条的规定，是指以产品销售为目的，将产品内容物随产品包装容器、包装盒以及产品说明书等一起交付消费者时的最小包装的产品形式。

为保障消费者合法权益，确保化妆品使用安全，本款还规定，标签应当符合相关法律、行政法规、强制性国家标准，内容真实、完整、准确。具体而言，化妆品标签应符合《化妆品监督管理条例》《化妆品标签管理办法》《化妆品安全技术规范（2015年版）》和强制性国家标准要求，内容应能体现自身属性和安全警示内容，如实客观表述相关内容。

本条第二款专门对进口化妆品的标签作了具体要求。为保障我国消费者的合法权益，本款强调了进口化妆品应有中文标签，确保国内外产品在标签宣称上公平一致，同时方便进一步加强标签监管并明确了两种标注方法。本款充分考虑国际惯例和化妆品行业实际情况，允许进口化妆品可以选择其中一种方式进行标签标注。为体现国产和进口化妆品在标签监管上的公平和对等，本款还强调如果采用加贴中文标签的标注方式，必须保证中文标签内容与原标签内容一致。

配套

《化妆品标签管理办法》第3—9、22条

第三十六条　【标签标注内容】化妆品标签应当标注下列内容：

（一）产品名称、特殊化妆品注册证编号；

（二）注册人、备案人、受托生产企业的名称、地址；

（三）化妆品生产许可证编号；

（四）产品执行的标准编号；

（五）全成分；

（六）净含量；

（七）使用期限、使用方法以及必要的安全警示；

（八）法律、行政法规和强制性国家标准规定应当标注的其他内容。

注解

本条规定了化妆品标签应标注的八个方面内容。化妆品标签是消费者获取产品基本信息和安全使用信息的最直接途径。

本条第一项规定了标签必须标注产品名称、特殊化妆品注册证编号。产品名称用于区分产品类别、功效和用途，是识别化妆品的重要信息，具有唯一性。化妆品中文名称一般由商标名、通用名和属性名三部分组成：商标名即品牌名；通用名可以表明产品使用的原料或描述产品的用途、使用部位等；属性名则反映产品的真实性状或外观形态，比如乳液、霜。约定俗成、习惯使用的化妆品名称可以省略通用名或者属性名。根据本条例第十七条和第二十条的规定，特殊化妆品应当取得国务院药品监督管理部门核发的注册证，其编号也具有唯一性。要求特殊化妆品标注注册证编号，有利于消费者查询产品注册信息，确保产品的安全性，便于消费选择。

本条第二项规定了标签需要标注注册人、备案人、受托生产企业的名称、地址。化妆品注册人、备案人对化妆品的质量安全和功效宣称负责，受托生产企业是化妆品的实际生产者，对化妆品的质量安全也负有重要责任。标签上标注这些内容，可以使消费者知晓产品的安全责任的承担者，一旦发生产品质量问题，可以向责任者维权，也能一定程度上监督化妆品注册人、备案人、受托生产企业主动履行主体责任，确保产品的质量安全。

本条第三项规定了标签必须标注化妆品生产许可证编号。为确保化妆品的质量安全，我国化妆品生产实行行政许可制度，在我国境内从事化妆品生产活动，必须向省级药品监督管理部门申请，取得生产许可证。标注生产许可证编号可以公示化妆品生产者，也方便消费者查询核对相关信息。需要注意的是，委托生产的化妆品如何标注生产许可证编号？委托生产的产品不仅需要同时标注委托方和受托方的名称和地址，还需要同时标注委托方和受托方的生产许可证编号，便于保障消费者的知情权。

本条第四项规定标签必须标注产品执行的标准编号。“产品执行的标准”，一般有强制性国家标准、行业标准和企业标准，其规定产品质量安全技术要求，是保证产品质量安全的重要技术性文件。化妆品的强制性国家标准目前是《消费品使用说明 化妆品通用标签》（GB 5296.3—2008）。化妆品标签标注执行的标准编号，可以使消费者了解产品的安全控制指标，便于开展社会监督，也可使监管部门获知产品制定的标准，便于监管。故产品执行的标准编号也非常有必要进行标注。《化妆品标签管理办法》第十一条对此进一步明确：化妆品标签应当在销售包装可视面标注产品执行的标准编号，以相应的引导语引出。

本条第五项规定标签必须标注全成分。标注化妆品的全成分有利于保障消费者的知情权，保护消费者的身体健康，也便于监管部门的监管。化妆品的成分，是指生产者按照产品的设计，有目的地添加到产品配方中的物质，如溶剂、表面活性剂、防晒剂等。

本条第六项规定标签必须标注净含量。根据《定量包装商品计量监督管理办法》第五条的规定，定量包装商品的生产者、销售者应当在其商品包装的显著位置正确、清晰地标注定量包装商品的净含量。净含量的标注由“净含量”（中文）、数字和法定计量单位（或者用中文表示的计数单位）三个部分组成。法定计量单位的选择应当符合本办法的有关规定。以长度、面积、计数单位标注净含量的定量包装商品，可以免于标注“净含量”三个中文字，只标注数字和法定计量单位（或者用中文表示的计数单位）。第六条规定，定量包装商品净含量标注字符的最小高度应当符合本办法的有关规定。《化妆品标签管理办法》对本项规定作了进一步细化，该办法第十三条规定，化妆品的净含量应当使用国家法定计量单位表示，并在销售包装展示面标注。净含量必须在销售包装展示面标注，并以“净含量”作为引导语引出，不能标注在底面。值得注意的是，净含量是《化妆品标签管理办法》中规定的十项必须标注的内容中唯一被明确禁止标注在底面的项目。

这里提到的“展示面”是指化妆品在陈列时，除底面外能被消费者看到的任何面。

本条第七项规定了标签必须标注使用期限、使用方法以及必要的安全警示。本项中“使用期限”，是指产品保持质量安全水平的期限，俗称“保质期”。《化妆品标签管理办法》对使用期限的标注要求进行了细化，该办法第十四条规定，产品使用期限应当按照下列方式之一在销售包装可视面标注，并以相应的引导语引出：（一）生产日期和保质期，生产日期应当使用汉字或者阿拉伯数字，以四位数年份、二位数月份和二位数日期的顺序依次进行排列标识；（二）生产批号和限期使用日期。具有包装盒的产品，在直接接触内容物的包装容器上标注使用期限时，除可以选择上述方式标注外，还可以采用标注生产批号和开封后使用期限的方式。销售包装内含有多个独立包装产品时，每个独立包装应当分别标注使用期限，销售包装可视面上的使用期限应当按照其中最早到期的独立包装产品的使用期限标注；也可以分别标注单个独立包装产品的使用期限。

本项中要求标注“使用方法”，有利于引导消费者正确使用化妆品，保护其合法权益。《化妆品标签管理办法》第十五条对此项规定进行了细化规定：为保证消费者正确使用，需要标注产品使用方法的，应当在销售包装可视面或者随附于产品的说明书中进行标注。

本项还强调了必须标注“必要的安全警示”。化妆品注册人、备案人为避免消费者使用产品存在的某种安全隐患，应通过标签标注安全警示用语的方式对特殊消费者，比如儿童、易过敏人群、孕妇等进行提醒，确保消费者能正确、安全地使用化妆品。

本条第八项规定，标签必须标注法律、行政法规和强制性国家标准规定应当标注的其他内容。这是一个兜底款项。如儿童化妆品需按照《儿童化妆品监督管理规定》的要求标注警示用语：“应当在成人监护下使用”。指甲油、卸甲液、香水、气雾剂等易燃易爆化妆品需按照《气雾剂产品的标示、分类及术语》（BB/T 0005—2010）和《化学品分类和标签规范 第4部分：气溶胶》（GB 30000.4—2013）的相关要求，标注使用安全注意事项和化学品安全标志。除此之外，这里常见的还涉及《化妆品标签管理办法》《化妆品安全技术规范（2015年版）》《化妆品生产质量管理规范》等规定。

应用

10. 化妆品中文标签应至少标注哪些内容?

《化妆品标签管理办法》第七条规定，化妆品中文标签应当至少包括以下内容：(一) 产品中文名称、特殊化妆品注册证书编号；(二) 注册人、备案人的名称、地址，注册人或者备案人为境外企业的，应当同时标注境内责任人的名称、地址；(三) 生产企业的名称、地址，国产化妆品应当同时标注生产企业生产许可证编号；(四) 产品执行的标准编号；(五) 全成分；(六) 净含量；(七) 使用期限；(八) 使用方法；(九) 必要的安全警示用语；(十) 法律、行政法规和强制性国家标准规定应当标注的其他内容。具有包装盒的产品，还应当同时在直接接触内容物的包装容器上标注产品中文名称和使用期限。

11. 化妆品标签如何标注全成分?

《化妆品标签管理办法》第十二条明确规定，化妆品标签应当在销售包装可视面标注化妆品全部成分的原料标准中文名称，以“成分”作为引导语引出，并按照各成分在产品配方中含量的降序列出。化妆品配方中存在含量不超过0.1% (w/w) 的成分的，所有不超过0.1% (w/w) 的成分应当以“其他微量成分”作为引导语引出另行标注，可以不按照成分含量的降序列出。以复配或者混合原料形式进行配方填报的，应当以其中每个成分在配方中的含量作为成分含量的排序和判别是否为微量成分的依据。

12. 化妆品标签如何标注“安全警示”?

《化妆品标签管理办法》第十六条规定，存在下列情形之一的，应当以“注意”或者“警告”作为引导语，在销售包装可视面标注安全警示用语：(一) 法律、行政法规、部门规章、强制性国家标准、技术规范对化妆品限用组分、准用组分有警示用语和安全事项相关标注要求的；(二) 法律、行政法规、部门规章、强制性国家标准、技术规范对适用于儿童等特殊人群化妆品要求标注的相关注意事项的；(三) 法律、行政法规、部门规章、强制性国家标准、技术规范规定其他应当标注安全警示用语、注意事项的。

配套

《化妆品标签管理办法》第7、11、12、14—16条；《化妆品生产质量管理规范》第34条

第三十七条　【标签禁止标注内容】化妆品标签禁止标注下列内容：

（一）明示或者暗示具有医疗作用的内容；

（二）虚假或者引人误解的内容；

（三）违反社会公序良俗的内容；

（四）法律、行政法规禁止标注的其他内容。

注解

本条规定了化妆品标签禁止标注的内容。此条以问题为导向，针对化妆品监管现状，为避免误导消费者，明确规定了化妆品标签禁止标注明示或者暗示具有医疗作用、虚假或引人误解、违反社会公序良俗以及法律、行政法规禁止标注的其他内容，严厉打击虚假夸大等违法宣传行为。

本条第一项强调化妆品标签禁止标注“明示或者暗示具有医疗作用的内容”。“具有医疗作用”一般是针对药品而言的。化妆品和药品是分属不同类别、具有不同使用对象和使用目的的完全不同的产品。化妆品的使用人群一般是健康人群，其目的是清洁、保护、美化和修饰等；药品的使用人群一般是患病人群，其使用目的是预防、治疗或者诊断疾病等。根据《药品管理法》第九十条第三款的规定，非药品广告不得有涉及药品的宣传。具体而言，何为“明示或者暗示具有医疗作用的内容”？《化妆品标签管理办法》第十九条规定，化妆品标签禁止通过下列方式标注或者宣称：（一）使用医疗术语、医学名人的姓名、描述医疗作用和效果的词语或者已经批准的药品名明示或者暗示产品具有医疗作用……（三）利用商标、图案、字体颜色大小、色差、谐音或者暗示性的文字、字母、汉语拼音、数字、符号等方式暗示医疗作用或者进行虚假宣称……

本条第二项强调化妆品标签禁止标注“虚假或者引人误解的内容”。如果化妆品标签标注内容与实际不符，极易误导消费者。何为“虚假或者引人误解的内容”?《化妆品标签管理办法》第十九条规定，化妆品标签禁止通过下列方式标注或者宣称：……（二）使用虚假、夸大、绝对化的词语进行虚假或者引人误解地描述；（三）利用商标、图案、字体颜色大小、色差、谐音或者暗示性的文字、字母、汉语拼音、数字、符号等方式暗示医疗作用或者进行虚假宣称；（四）使用尚未被科学界广泛接受的术语、机理编造概念误导消费者；（五）通过编造虚假信息、贬低其他合法产品等方式误导消费者；（六）使用虚构、伪造或者无法验证的科研成果、统计资料、调查结果、文摘、引用语等信息误导消费者；（七）通过宣称所用原料的功能暗示产品实际不具有或者不允许宣称的功效；（八）使用未经相关行业主管部门确认的标识、奖励等进行化妆品安全及功效相关宣称及用语；（九）利用国家机关、事业单位、医疗机构、公益性机构等单位及其工作人员、聘任的专家的名义、形象作证明或者推荐；（十）表示功效、安全性的断言或者保证……

本条第三项强调化妆品标签禁止标注“违反社会公序良俗的内容”。常见的有涉及庸俗、封建迷信内容，违反社会公德用语，宣扬色情用语，带有侮辱或歧视他人的用语等。

本条第四项强调化妆品标签禁止标注“法律、行政法规禁止标注的其他内容”，是一个兜底款项。常见的有《红十字会法》中要求禁止利用红十字标志和名称牟利等。

配套

《化妆品标签管理办法》第 19 条；《广告法》第 4 条；《红十字会法》第 16 条

第三十八条　【化妆品经营管理制度】 化妆品经营者应当建立并执行进货查验记录制度，查验供货者的市场主体登记证明、化妆品注册或者备案情况、产品出厂检验合格证明，如实记录并保存相关凭证。记录和凭证保存期限应当符合本条例第三十一条第一款的规定。

化妆品经营者不得自行配制化妆品。

注解

本条规定了化妆品经营者进货查验和经营过程管理制度。

本条第一款明确了化妆品经营者进货查验制度的具体要求。经营者执行进货查验制度，能保证所购进产品的质量安全，对构建化妆品全程可追溯体系，保障化妆品的消费安全、维护经营者自身合法权益有着重要意义。如果化妆品经营者严格执行了该制度，尽到了相关法定义务，一旦发生化妆品质量安全问题，可依据本条例第六十八条之规定，免除对该经营者的行政处罚。

执行进货查验制度如此重要，那么需要查验什么呢？《化妆品生产经营监督管理办法》第三十九条规定，化妆品经营者应当建立并执行进货查验记录制度，查验直接供货者的市场主体登记证明、特殊化妆品注册证或者普通化妆品备案信息、化妆品的产品质量检验合格证明并保存相关凭证，如实记录化妆品名称、特殊化妆品注册证编号或者普通化妆品备案编号、使用期限、净含量、购进数量、供货者名称、地址、联系方式、购进日期等内容。

本款中“市场主体登记证明”，包括供货者的营业执照。如果供货者是生产企业，还应当查验其化妆品生产许可证。“产品出厂检验合格证明”是指该产品的生产企业自行出具的出厂检验报告、合格证等证明，或者是由第三方检验机构出具的检验报告、证明等。

本条第二款强调化妆品经营者不得自行配制化妆品。化妆品配制行为属生产行为，需取得相关许可，即由取得化妆品生产许可证的生产企业，依法在其许可范围内实施。对于化妆品经营者，其不具备化妆品生产条件和专业人员等，无法开展化妆品生产活动。故本款作了禁止性规定。

应用

13. 所有的化妆品经营者都需要建立并执行进货查验记录制度吗？

答案是否定的。《化妆品生产经营监督管理办法》第四十条规定，实行统一配送的化妆品经营者，可以由经营者总部统一建立并执行进货查验记录制度，按照本办法的规定，统一进行查验记录并保存相关凭证。经营者总部应当保证所属分店能提供所经营化妆品的相关记录和凭证。

配套

《化妆品生产经营监督管理办法》第 4、39、40 条

第三十九条　【贮存、运输要求】化妆品生产经营者应当依照有关法律、法规的规定和化妆品标签标示的要求贮存、运输化妆品，定期检查并及时处理变质或者超过使用期限的化妆品。

注 解

本条明确了化妆品有关贮存、运输方面的要求。化妆品作为直接接触人体的化学工业产品，其成分较多，如果贮存、运输不当，极易滋生微生物造成污染与变质，使用后可能会导致皮肤过敏，影响到消费者的身体健康，其贮存和运输必须遵守有关法律法规的规定和化妆品标签标示的要求。

为保证所经营的化妆品的质量安全，化妆品经营者还应当定期检查库存化妆品，及时处理变质或者超过使用期限的化妆品。在实践中，有些化妆品可能已经变质，主要表现为：化妆品出现怪异气味、异色斑点、发黄发黑，或者化妆品内出现肉眼可见的水分从膏霜中溢出、内容物出现膨胀等现象。变质和超过使用期限的化妆品一旦流向市场，可能对消费者健康造成影响，化妆品经营者也可能要承担民事责任、行政责任，甚至刑事责任，化妆品生产经营者必须对化妆品进行定期检查、及时清理变质或超过使用期限的化妆品。

配 套

《化妆品生产质量管理规范》第 31、59 条

第四十条　【化妆品集中交易市场开办者、展销会举办者管理责任】化妆品集中交易市场开办者、展销会举办者应当审查入场化妆品经营者的市场主体登记证明，承担入场化妆品经营者管理责任，定期对入场化妆品经营者进行检查；发现入场化妆品经营者有违反本条例规定行为的，应当及时制止并报告所在地县级人民政府负责药品监督管理的部门。

注 解

本条规定了化妆品集中交易市场开办者、展销会举办者的管理责任。实践中，集中交易市场和展销会上，化妆品经营者众多，流动性大，消费者在此场所购买的化妆品一旦发生质量问题，因难以找到销售者，或因销售者经营规模小、赔偿能力有限等原因，一般难以维权。本条坚持问题导向，从维护消费者权益出发，对化妆品特殊经营主体，即集中交易市场开办者、展销会举办者的管理责任作出明确规定。为确保入场化妆品经营者的合法身份，

首先，集中交易市场开办者、展销会举办者应审查入场化妆品经营者的营业执照等市场主体登记证明；其次，应定期对入场化妆品经营者的经营行为和产品进行检查，建立质量安全管理相关制度，配备一定数量的检验设备或检验人员，开展抽样检验，杜绝有问题的化妆品销售流通；最后，集中交易市场开办者、展销会举办者有及时制止违法行为并向监管部门报告的义务。对入场化妆品经营者加强管理，发现其不建立并执行进货查验记录制度、擅自配制化妆品等违法行为时，应及时制止，并向所在地县级监管部门报告，避免违法行为持续，保障消费者的合法权益。

应用

14. 化妆品集中交易市场开办者、展销会举办者需履行怎样的管理责任?

《化妆品生产经营监督管理办法》第四十二条规定，化妆品集中交易市场开办者、展销会举办者应当建立保证化妆品质量安全的管理制度并有效实施，承担入场化妆品经营者管理责任，督促入场化妆品经营者依法履行义务，每年或者展销会期间至少组织开展一次化妆品质量安全知识培训。化妆品集中交易市场开办者、展销会举办者应当建立入场化妆品经营者档案，审查入场化妆品经营者的市场主体登记证明，如实记录经营者名称或者姓名、联系方式、住所等信息。入场化妆品经营者档案信息应当及时核验更新，保证真实、准确、完整，保存期限不少于经营者在场内停止经营后2年。化妆品展销会举办者应当在展销会举办前向所在地县级负责药品监督管理的部门报告展销会的时间、地点等基本信息。第四十三条规定，化妆品集中交易市场开办者、展销会举办者应当建立化妆品检查制度，对经营者的经营条件以及化妆品质量安全状况进行检查。发现入场化妆品经营者有违反《化妆品监督管理条例》以及本办法规定行为的，应当及时制止，依照集中交易市场管理规定或者与经营者签订的协议进行处理，并向所在地县级负责药品监督管理的部门报告。鼓励化妆品集中交易市场开办者、展销会举办者建立化妆品抽样检验、统一销售凭证格式等制度。

配套

《化妆品生产经营监督管理办法》第42、43条

第四十一条　【电子商务经营者义务】电子商务平台经营者应当对平台内化妆品经营者进行实名登记，承担平台内化妆品经营者管理责任，发现平台内化妆品经营者有违反本条例规定行为的，应当及时制止并报告电子商务平台经营者所在地省、自治区、直辖市人民政府药品监督管理部门；发现严重违法行为的，应当立即停止向违法的化妆品经营者提供电子商务平台服务。

平台内化妆品经营者应当全面、真实、准确、及时披露所经营化妆品的信息。

注解

本条规定了电子商务经营者的法定义务。近年来，通过网络购买化妆品已成为我国居民购买化妆品的主要方式。电子商务经营者作为网络销售的主体，应主动履行法定义务，确保网络销售化妆品的安全。本条涉及的电子商务经营者有电子商务平台经营者和平台内经营者。根据《电子商务法》第九条的规定，“电子商务经营者”，是指通过互联网等信息网络从事销售商品或者提供服务的经营活动的自然人、法人和非法人组织，包括电子商务平台经营者、平台内经营者以及通过自建网站、其他网络服务销售商品或者提供服务的电子商务经营者。“电子商务平台经营者”，是指在电子商务中为交易双方或者多方提供网络经营场所、交易撮合、信息发布等服务，供交易双方或者多方独立开展交易活动的法人或者非法人组织。“平台内经营者”，是指通过电子商务平台销售商品或者提供服务的电子商务经营者。

本条第一款明确了电子商务平台经营者的法定义务。电子商务平台经营者，作为化妆品网络交易第三方平台提供者，为确保化妆品网络销售安全，应主动履行以下法定义务：1. 对平台内化妆品经营者进行实名登记。应根据《电子商务法》第二十七条的规定，要求申请进入平台销售商品或者提供服务的经营者提交其身份、地址、联系方式、行政许可等真实信息，进行核验、登记，建立登记档案，并定期核验更新。2. 承担对平台内化妆品经营者的管理责任。应根据《电子商务法》第二十九条的规定，发现平台内的商品或者服务信息存在未依法取得行政许可等违法的情形的，应当依法采取必要的处置措施，并向有关主管部门报告。

本条第二款明确了平台内化妆品经营者信息展示的法定义务。因网络经营具有隐蔽性、信息不对称性等特点，平台内化妆品经营者应全面、真实、准确、及时地展示所经营化妆品的信息，以保障消费者的知情权。《消费者权益保护法》第八条规定，消费者享有知悉其购买、使用的商品或者接受的服务的真实情况的权利。消费者有权根据商品或者服务的不同情况，要求经营者提供商品的价格、产地、生产者、用途、性能、规格、等级、主要成分、生产日期、有效期限、检验合格证明、使用方法说明书、售后服务，或者服务的内容、规格、费用等有关情况。第二十条第一款规定，经营者向消费者提供有关商品或者服务的质量、性能、用途、有效期限等信息，应当真实、全面，不得作虚假或者引人误解的宣传。由此可见，按照线上线下要求一致的原则，平台内化妆品经营者应当全面、真实、准确、及时披露所经营化妆品的信息，此外，不得展示本条例和国务院药品监督管理部门禁止经营的违法化妆品信息，在化妆品网页宣传信息中不得明示或者暗示具有医疗作用、虚假夸大功效等。

配套

《消费者权益保护法》第8、20条；《电子商务法》第9、27、29条

第四十二条　【化妆品使用单位义务】美容美发机构、宾馆等在经营中使用化妆品或者为消费者提供化妆品的，应当履行本条例规定的化妆品经营者义务。

注解

本条明确了美容美发机构、宾馆等化妆品使用单位的法定义务。化妆品经营除一些常见的经营主体，如连锁店、专卖店、品牌代理商（含直销）、商超、母婴用品店、饰品店、食杂店、便利店，以及化妆品批发店外，还有一些使用单位也比较常见，如美容美发机构、宾馆、足浴店、美甲店等。这些使用单位在经营服务中使用化妆品或者将化妆品提供给消费者使用，也是一种化妆品的经营行为，故应履行本条例规定的与其行为相对应的化妆品经营者相关义务，还应按照化妆品标签和说明书的要求正确使用化妆品，并向消费者真实、准确、全面地说明化妆品的质量、效果和使用方法，不得对产品功效进行虚假夸大宣传等。需要强调的是，这些单位不得自行配制化妆品。

应用

15. 美容美发机构、宾馆在经营服务中使用化妆品应履行怎样的义务?

根据《化妆品生产经营监督管理办法》第四十一条的规定，美容美发机构、宾馆等在经营服务中使用化妆品或者为消费者提供化妆品的，应当依法履行《化妆品监督管理条例》以及本办法规定的化妆品经营者义务。美容美发机构经营中使用的化妆品以及宾馆等为消费者提供的化妆品应当符合最小销售单元标签的规定。美容美发机构应当在其服务场所内显著位置展示其经营使用的化妆品的销售包装，方便消费者查阅化妆品标签的全部信息，并按照化妆品标签或者说明书的要求，正确使用或者引导消费者正确使用化妆品。

配套

《化妆品生产经营监督管理办法》第 41 条

第四十三条　【化妆品广告要求】 化妆品广告的内容应当真实、合法。

化妆品广告不得明示或者暗示产品具有医疗作用，不得含有虚假或者引人误解的内容，不得欺骗、误导消费者。

注解

本条规定了化妆品广告的要求。《广告法》第二条第一款规定:“在中华人民共和国境内，商品经营者或者服务提供者通过一定媒介和形式直接或者间接地介绍自己所推销的商品或者服务的商业广告活动，适用本法。”为保障消费者权益，规范化妆品广告行为，本条对化妆品广告的要求进行了明确。

本条第一款强调了化妆品广告的内容应当真实、合法。应按照法律法规要求和产品注册或备案的技术要求资料进行如实宣传推广。从事化妆品广告活动，应遵守《广告法》及其他相关法律法规的规定。《广告法》第三条规定，广告应当真实、合法，以健康的表现形式表达广告内容，符合社会主义精神文明建设和弘扬中华民族优秀传统文化的要求。

本条第二款强调了化妆品广告禁止的内容。化妆品不具有医疗作用，化妆品广告不得明示或者暗示产品具有医疗作用。《药品管理法》第九十条第三款规定，非药品广告不得有涉及药品的宣传。《广告法》第十七条规定，除医疗、药品、医疗器械广告外，禁止其他任何广告涉及疾病治疗功能，并不得使用医疗用语或者易使推销的商品与药品、医疗器械相混淆的用语。另外，《广告法》第四条第一款还规定，广告不得含有虚假或者引人误解的内容，不得欺骗、误导消费者。

配套

《广告法》第2—4、17条；《药品管理法》第90条

第四十四条　【召回制度】化妆品注册人、备案人发现化妆品存在质量缺陷或者其他问题，可能危害人体健康的，应当立即停止生产，召回已经上市销售的化妆品，通知相关化妆品经营者和消费者停止经营、使用，并记录召回和通知情况。化妆品注册人、备案人应当对召回的化妆品采取补救、无害化处理、销毁等措施，并将化妆品召回和处理情况向所在地省、自治区、直辖市人民政府药品监督管理部门报告。

受托生产企业、化妆品经营者发现其生产、经营的化妆品有前款规定情形的，应当立即停止生产、经营，通知相关化妆品注册人、备案人。化妆品注册人、备案人应当立即实施召回。

负责药品监督管理的部门在监督检查中发现化妆品有本条第一款规定情形的，应当通知化妆品注册人、备案人实施召回，通知受托生产企业、化妆品经营者停止生产、经营。

化妆品注册人、备案人实施召回的，受托生产企业、化妆品经营者应当予以配合。

化妆品注册人、备案人、受托生产企业、经营者未依照本条规定实施召回或者停止生产、经营的，负责药品监督管理的部门责令其实施召回或者停止生产、经营。

注解

本条规定了化妆品召回制度。实施化妆品召回制度，有利于强化企业的主体责任，更有利于保障消费者的健康安全。本条中的“缺陷”，根据《产

品质量法》第四十六条的规定，是指产品存在危及人身、他人财产安全的不合理的危险；产品有保障人体健康和人身、财产安全的国家标准、行业标准的，是指不符合该标准。

化妆品召回根据启动情况不同，可以分为主动召回和责令召回。主动召回是指化妆品注册人、备案人按照法定要求或根据产品不良事件监测等信息对化妆品开展质量评估，确定产品存在缺陷或其他问题，可能危害人体健康时，立即停止生产销售存在缺陷的产品，依法向社会公布有关产品缺陷等信息，通知销售者停止销售存在缺陷的产品，通知消费者停止消费存在缺陷的产品，并及时实施的召回。责令召回是指行政机关在发现产品存在安全隐患、生产企业应当主动召回产品而不采取召回措施的情况下，作出要求企业召回产品的行为。

本条第一款规定了化妆品注册人、备案人产品召回责任。化妆品注册人、备案人对化妆品的质量安全和功效宣称负责，对产品的全生命周期安全负责。其是实施化妆品召回的主体，应建立并执行化妆品召回制度。化妆品注册人、备案人发现化妆品存在质量缺陷或者其他问题，比如产品不符合强制性国家标准、技术规范或者不符合化妆品注册或备案时载明的技术要求、卫生指标不合格、重金属含量超标、甲醛含量超标时，可能危害人体健康的，要主动履行主体责任，应当立即停止生产，召回已经上市销售的产品，通知相关化妆品经营者和消费者停止经营、使用，并记录召回和通知情况。召回记录内容应当至少包括产品名称、净含量、使用期限、召回数量、实际召回数量、召回原因、召回时间、处理结果、向监管部门报告情况等。对于召回的产品，要依法按照规定采取收回、替换或者无害化处理、销毁等措施，并将召回和处理情况报告所在地省级药品监督管理部门。

本条第二款、第四款规定了受托生产企业、化妆品经营者在产品召回过程中的责任。受托生产企业、化妆品经营者在生产经营化妆品的过程中，发现产品有质量缺陷或者其他问题，有可能危害人体健康时，应立即停止生产、经营，将有关情况及时通知化妆品注册人和备案人，并协助其对缺陷产品进行评估、调查，配合其实施召回活动，及时回收、控制缺陷产品，保障消费者的安全。

本条第三款、第五款规定了监管部门在化妆品召回过程中的责任。监管部门应当加强化妆品召回信息的收集和管理，及时分析和处理相关信息，进行化妆品安全危害调查和化妆品安全危害评估，发现产品有质量缺陷或者其他问题时，应当通知化妆品注册人、备案人实施召回，或者在化妆品注册人、备案人不主动召回时责令其实施召回，并通知受托生产企业、化妆品经营者停止生产、经营。

配套

《产品质量法》第46条；《化妆品生产质量管理规范》第63条；《化妆品生产经营监督管理办法》第53条

第四十五条　【化妆品进出口管理】出入境检验检疫机构依照《中华人民共和国进出口商品检验法》的规定对进口的化妆品实施检验；检验不合格的，不得进口。

进口商应当对拟进口的化妆品是否已经注册或者备案以及是否符合本条例和强制性国家标准、技术规范进行审核；审核不合格的，不得进口。进口商应当如实记录进口化妆品的信息，记录保存期限应当符合本条例第三十一条第一款的规定。

出口的化妆品应当符合进口国（地区）的标准或者合同要求。

注解

本条规定了化妆品进出口管理的规定。

本条第一款强调了进口化妆品检验的机构，以及不得进口检验不合格的化妆品。《进出口商品检验法》第五条第一款、第二款规定："列入目录的进出口商品，由商检机构实施检验。前款规定的进口商品未经检验的，不准销售、使用；前款规定的出口商品未经检验合格的，不准出口。"该法第六条第一款、第二款规定："必须实施的进出口商品检验，是指确定列入目录的进出口商品是否符合国家技术规范的强制性要求的合格评定活动。合格评定程序包括：抽样、检验和检查；评估、验证和合格保证；注册、认可和批准以及各项的组合。"《进出口商品检验法实施条例》第四条也规定："出入境检验检疫机构对列入目录的进出口商品以及法律、行政法规规定须经出入境检验检疫机构检验的其他进出口商品实施检验（以下称法定检验）。出入境检验检疫机构对法定检验以外的进出口商品，根据国家规定实施抽查检验。”

本条第二款明确了进口商的责任和义务。《化妆品监督管理条例》第十七条规定：“特殊化妆品经国务院药品监督管理部门注册后方可生产、进口。国产普通化妆品应当在上市销售前向备案人所在地省、自治区、直辖市人民政府药品监督管理部门备案。进口普通化妆品应当在进口前向国务院药品监督管理部门备案。”进口商在进口前，应对拟进口上市的化妆品的注册备案情况进行检查，对产品是否符合《化妆品监督管理条例》、强制性国家标准、技术规范进行审核，审核不合格的，不得进口。另外，为保障进口化妆品的质量安全，进口商应根据《化妆品监督管理条例》第三十一条第一款“化妆品注册人、备案人、受托生产企业应当建立并执行原料以及直接接触化妆品的包装材料进货查验记录制度、产品销售记录制度。进货查验记录和产品销售记录应当真实、完整，保证可追溯，保存期限不得少于产品使用期限届满后1年；产品使用期限不足1年的，记录保存期限不得少于2年”的规定，履行相关法定义务。

本条第三款明确了化妆品出口的要求。根据国际惯例和我国实际出口商品监管总体思路，出口的化妆品应符合进口国（地区）的标准或者合同要求，由进口国（地区）实施监管为主。

配套

《进出口商品检验法》第5、6条；《进出口商品检验法实施条例》第4条

第四章　监督管理

第四十六条　【监管部门采取相关措施的授权】 负责药品监督管理的部门对化妆品生产经营进行监督检查时，有权采取下列措施：

（一）进入生产经营场所实施现场检查；

（二）对生产经营的化妆品进行抽样检验；

（三）查阅、复制有关合同、票据、账簿以及其他有关资料；

（四）查封、扣押不符合强制性国家标准、技术规范或者有证据证明可能危害人体健康的化妆品及其原料、直接接触化妆品的包装材料，以及有证据证明用于违法生产经营的工具、设备；

（五）查封违法从事生产经营活动的场所。

注解

本条是关于授权化妆品监督管理部门采取监督检查措施的规定。

本条第一项规定了进入生产经营场所实施现场检查的权力。现场检查是指药品监督管理部门进入化妆品生产经营场所，对生产经营行为是否遵守法律法规、执行相关质量管理规范和相关标准等情况进行检查的行为，或者对违法线索进行现场调查取证的行为。药品监督管理部门依法进行现场检查时，有关单位及个人应当接受检查，积极予以配合，并提供真实完整准确的记录、票据、数据、信息等相关资料，不得以任何理由拒绝、逃避、拖延或者阻碍检查。如果有关人员拒绝、阻挠执法人员对化妆品生产经营场所实施现场检查，可以依照《治安管理处罚法》等法律法规给予处罚，构成犯罪的，可以依法追究刑事责任。与此同时，药品监督管理部门检查人员进入生产经营场所实施检查时，应当严格遵守法律法规、廉洁纪律和工作要求，不得向被检查单位提出与检查无关的要求，不得与被检查单位有利害关系；应当严格遵守保密规定，严格管理涉密资料，严防泄密事件发生。不得泄露检查相关信息及被检查单位技术或者商业秘密等信息。

本条第二项规定了开展抽样检验的权力。对化妆品进行抽样检验是化妆品监督管理的重要措施之一。抽样检验包括抽样和检验两个步骤。抽样分为现场抽样和网络抽样。《化妆品抽样检验管理办法》第十一条规定，抽样工作应当坚持问题导向、广泛覆盖、监督检查与抽样检验相结合的原则。抽样是指从全部产品中随机抽取一部分样品，其基本要求是要保证所抽取的样品对全部样品具有充分的代表性。该办法第五条规定，化妆品生产经营者应当依法接受负责药品监督管理的部门组织实施的化妆品抽样检验，不得干扰、阻碍或者拒绝抽样检验工作，不得提供虚假信息。

本条第三项规定了查阅、复制有关合同、票据、账簿以及其他有关资料的权力。合同、票据、账簿往往能反映出企业供货渠道、原材料购进、生产销售数量、产品销售对象等情况，是企业生产经营过程中的重要信息载体，具有较强的证明力。查阅、复制有关合同、票据、账簿以及其他有关资料，是药品监督管理部门的重要调查取证手段。一方面，化妆品生产经营者要予以配合，不得拒绝查阅、复制有关资料。另一方面，检查人员要保守企业商业秘密，不得泄露企业合同、票据、账簿以及其他有关资料的信息。

本条第四项规定了查封、扣押有关物品的权力。当药品监督管理部门有证据证明企业存在生产经营不符合强制性国家标准、技术规范的化妆品等情形时，需要采取查封、扣押等紧急控制措施，防控产品风险。根据《行政强制法》第九条的规定，行政强制措施的种类有：……（二）查封场所、设施或者财物；（三）扣押财物……由此可见，查封、扣押是一种行政强制措施，行使时要遵守《行政强制法》的相关规定。

本条第五项规定了查封违法从事生产经营活动的场所的权力。查封违法从事生产经营活动的场所是及时防控产品风险、阻断违法生产经营活动的有力手段。实践中，由于场所往往是不动产，一般是采取加贴封条的方式进行。查封场所对行政相对人影响较大，实施时一定要依法进行。《行政强制法》第二十五条规定，查封、扣押的期限不得超过三十日；情况复杂的，经行政机关负责人批准，可以延长，但是延长期限不得超过三十日。法律、行政法规另有规定的除外。延长查封、扣押的决定应当及时书面告知当事人，并说明理由。对物品需要进行检测、检验、检疫或者技术鉴定的，查封、扣押的期间不包括检测、检验、检疫或者技术鉴定的期间。检测、检验、检疫或者技术鉴定的期间应当明确，并书面告知当事人。检测、检验、检疫或者技术鉴定的费用由行政机关承担。因此，药品监督管理部门应当依法、合理运用查封、扣押等行政强制措施。

配套

《行政强制法》第9、25条；《化妆品抽样检验管理办法》第5、11条

第四十七条　【监管部门监督检查要求】负责药品监督管理的部门对化妆品生产经营进行监督检查时，监督检查人员不得少于2人，并应当出示执法证件。监督检查人员对监督检查中知悉

的被检查单位的商业秘密，应当依法予以保密。被检查单位对监督检查应当予以配合，不得隐瞒有关情况。

负责药品监督管理的部门应当对监督检查情况和处理结果予以记录，由监督检查人员和被检查单位负责人签字；被检查单位负责人拒绝签字的，应当予以注明。

注解

本条规定了药品监督管理部门监督检查要求。检查人员开展监督检查要依法、依程序开展。被检查单位应当予以配合。本条中的“商业秘密”，是指不为公众所知悉、具有商业价值，并经权利人采取相应保密措施的技术信息、经营信息等商业信息。

本条第一款强调了行政执法的程序要求。要求监督检查人员不得少于2人，并应当出示执法证件，这样的要求有利于执法人员相互监督、防止舞弊，保证监督检查的客观公正；也有利于相互配合、提高效能；一旦发生突发事件，也有利于维护执法人员的自身安全等。在监督检查过程中，查阅、询问被检查单位生产经营等情况，可能会知悉其商业秘密。商业秘密关乎被检查单位的竞争力，与其发展甚至生存息息相关，一旦泄露将给被检查单位造成损失，为维护被检查单位的合法权益，执法人员应尽到保密义务。与此同时，被检查单位对监督检查应当予以配合，这是一项法定义务，不得拒绝、阻挠，不得隐瞒有关情况。否则，将违反《治安管理处罚法》等相关规定，要承担相应的法律责任。

本条第二款对监督检查情况和处理结果的记录要求及签字确认程序进行了规定。根据《国务院办公厅关于全面推行行政执法公示制度执法全过程记录制度重大执法决定法制审核制度的指导意见》（国办发〔2018〕118号）中“三、全面推行执法全过程记录制度”的规定，行政执法全过程记录是行政执法活动合法有效的重要保证。行政执法机关要通过文字、音像等记录形式，对行政执法的启动、调查取证、审核决定、送达执行等全部过程进行记录，并全面系统归档保存，做到执法全过程留痕和可回溯管理。负责药品监督管理的部门应当对监督检查情况和处理结果予以记录，并由检查人员和被检查单位负责人签字；被检查单位负责人拒绝签字的，应当在执法文书等记录上注明情况。

配套

《国务院办公厅关于全面推行行政执法公示制度执法全过程记录制度重大执法决定法制审核制度的指导意见》

第四十八条　【监管部门抽样检验要求】省级以上人民政府药品监督管理部门应当组织对化妆品进行抽样检验；对举报反映或者日常监督检查中发现问题较多的化妆品，负责药品监督管理的部门可以进行专项抽样检验。

进行抽样检验，应当支付抽取样品的费用，所需费用纳入本级政府预算。

负责药品监督管理的部门应当按照规定及时公布化妆品抽样检验结果。

注解

本条规定了化妆品抽样检验的具体要求。

本条第一款规定了化妆品抽样检验的分类，一般分为一般的抽样检验和专项抽样检验。省级以上人民政府药品监督管理部门应当组织对化妆品进行一般的抽样检验。与此同时，《化妆品抽样检验管理办法》第五十九条规定：根据监管工作需要，负责药品监督管理的部门可以组织开展专项抽样检验，相关工作程序参照本办法执行。因监督检查、投诉举报、案件查办、不良反应监测等监管工作需要开展抽样检验，不受抽样数量、地点、样品状态、抽样检验结果公开等限制。

本条第二款规定了抽样检验需要支付费用。《化妆品抽样检验管理办法》第六条规定，化妆品抽样应当支付抽取样品的费用。抽样检验所需费用按照国家有关规定列入政府预算。“应当支付抽取样品的费用”，是指在开展化妆品抽样时，具体实施化妆品抽样的监管部门应向被抽样单位支付购买样品的费用。这里需要注意的是，被抽样单位不得拒绝抽样，应当提供发票等付款凭证，抽样产品的价格应为市场价格。因抽样检验是化妆品监管的一种方式，所需费用由政府保障，购买样品的费用与其他监管经费一并纳入各级政府的本级政府预算。

本条第三款强调了化妆品抽样检验结果要公布。抽样检验信息公开应当依照《政府信息公开条例》等法律法规规定执行，及时、全面、准确公布抽样检验结果，是信息公开和保障消费者知情权的要求。需要注意的是，负责药品监督管理的部门负责公布本部门组织的抽样检验结果。任何单位和个人不得擅自发布化妆品抽样检验信息。对公共利益可能产生重大影响的化妆品抽样检验信息，公开部门应当在信息公开前加强分析研判，及时、准确地公开信息，必要时应当提前报告同级人民政府和上一级负责药品监督管理的部门。

另外，《化妆品抽样检验管理办法》第五十六条规定，组织抽检部门应当通过其政府网站等媒体及时向社会公开抽样检验结果。对不符合规定产品的信息公开应当至少包括：被抽样产品名称、包装规格、生产日期或者批号、特殊化妆品注册证编号或者普通化妆品备案编号、不符合规定的检验项目、标签标示化妆品注册人、备案人、受托生产企业、境内责任人名称和地址、被抽样化妆品生产经营者的名称和地址、承检机构名称等。化妆品注册人、备案人、受托生产企业、境内责任人提出异议申请否认检验结论为不符合规定的产品是其生产或者进口，经上述企业所在地核查处置部门综合判断情况属实的，组织抽检部门在公开抽样检验结果时予以说明；经综合判断上述企业提供虚假信息或者隐瞒真实情况的，组织抽检部门在公开抽样检验结果时予以曝光。

配套

《化妆品抽样检验管理办法》第6、56、59条

第四十九条　【化妆品检验机构资质管理和检验规范要求】 化妆品检验机构按照国家有关认证认可的规定取得资质认定后，方可从事化妆品检验活动。化妆品检验机构的资质认定条件由国务院药品监督管理部门、国务院市场监督管理部门制定。

化妆品检验规范以及化妆品检验相关标准品管理规定，由国务院药品监督管理部门制定。

注解

本条规定了化妆品检验机构资质管理和化妆品检验规范以及化妆品检验相关标准品管理规定的制定机关。本条中的“认证”，根据《认证认可条例》第二条的规定，是指由认证机构证明产品、服务、管理体系符合相关技术规范、相关技术规范的强制性要求或者标准的合格评定活动。“认可”，是指由认可机构对认证机构、检查机构、实验室以及从事评审、审核等认证活动人员的能力和执业资格，予以承认的合格评定活动。

本条第一款规定了化妆品检验机构的资质管理要求。化妆品检验机构要按照国家有关认证认可的规定取得相应资质认定后，才能从事化妆品检验活动。这是资质要求，是从事化妆品检验工作的必备要求。检验机构需要一个权威机构对其检验活动的质量保证体系和管理能力进行专门的确认，才能保证检验结果的权威性、科学性和公正性。本款还明确了化妆品检验机构的资质认定条件由国务院药品监督管理部门、国务院市场监督管理部门制定。

本条第二款规定了化妆品检验规范以及化妆品检验相关标准品管理规定的制定机关。为确保化妆品检验结果客观、真实、科学、公正，有必要对化妆品检验机构的具体检验行为作出统一规范和要求，本款授权国务院药品监督管理部门制定化妆品检验规范。

配套

《认证认可条例》第2条

第五十条　【制定补充检验项目和检验方法的授权】 对可能掺杂掺假或者使用禁止用于化妆品生产的原料生产的化妆品，按照化妆品国家标准规定的检验项目和检验方法无法检验的，国务院药品监督管理部门可以制定补充检验项目和检验方法，用于对化妆品的抽样检验、化妆品质量安全案件调查处理和不良反应调查处置。

注解

本条规定了补充检验项目和检验方法的制定部门授权。化妆品强制性国家标准和技术规范是针对在符合化妆品生产质量管理规范的条件下，按照批准的配方、生产工艺生产出来的化妆品而制定的技术要求。对可能掺杂掺假或者使用禁止用于化妆品生产的原料生产的化妆品，按照化妆品国家标准规定的检验项目和检验方法可能无法检验。为切实保障民众的用妆安全，此条授权国务院药品监督管理部门可以制定补充检验项目和检验方法，用于对化妆品的抽样检验、化妆品质量安全案件调查处理和不良反应调查处置。由此，《化妆品补充检验方法管理工作规程》第二条“对可能掺杂掺假或者使用禁止用于化妆品生产的原料生产的化妆品，按照化妆品国家标准和技术规范规定的检验项目和检验方法无法检验的，国家药品监督管理局可以制定补充检验项目和检验方法（以下简称化妆品补充检验方法），用于化妆品的抽样检验、质量安全案件调查处理和不良反应调查处置，其检验结果可以作为执法依据。化妆品补充检验方法不仅适用于方法发布日期之后生产的化妆品的检验，同样适用于方法发布日期之前生产的化妆品的检验”对此规定进行了明确和细化。

配套

《化妆品补充检验方法管理工作规程》第 2 条

第五十一条　【复检制度】对依照本条例规定实施的检验结论有异议的，化妆品生产经营者可以自收到检验结论之日起 7 个工作日内向实施抽样检验的部门或者其上一级负责药品监督管理的部门提出复检申请，由受理复检申请的部门在复检机构名录中随机确定复检机构进行复检。复检机构出具的复检结论为最终检验结论。复检机构与初检机构不得为同一机构。复检机构名录由国务院药品监督管理部门公布。

注解

本条规定了化妆品复检制度。化妆品抽样检验结果如果不合格，化妆品生产经营者可能需要召回已上市的产品，可能会被监管部门采取行政强制措施，甚至会面临行政处罚，可以说，化妆品检验结论与化妆品生产经营者的利益息息相关。为保护化妆品生产经营者的合法利益，本条规定了化妆品复检制度。

抽样检验有法定的程序和时限要求，提出复检也有法定的程序和时限要求。化妆品生产经营者对检验结论有异议的，可以自收到检验结论之日起 7 个工作日内向实施抽样检验的部门或者其上一级负责药品监督管理的部门提出复检申请，且应当提交初步的证明材料。

为保证复检的公正性和专业性，本条还规定，复检机构实施名单管理，复检机构名录由国务院药品监督管理部门公布。复检机构需在复检机构名录中随机确定。

另外，本条还规定，复检机构出具的复检结论为最终检验结论。这里的“最终检验结论”，是指不得就同一检验事项开展再次检验，复检结论就是药品监督管理部门对当事人作出具体行政行为的最终技术依据，具有最终的法律效力。

应用

16. 哪些情形不予复检？

根据《化妆品抽样检验管理办法》第三十九条规定，有下列情形之一的，不予复检：（1）微生物检验项目不符合规定；（2）特殊原因导致复检备份样品无法复检；（3）样品超过使用期限；（4）逾期提交复检申请；（5）法律法规规定的不予复检的其他情形。

配套

《化妆品生产经营监督管理办法》第 53 条；《化妆品抽样检验管理办法》第 39 条

第五十二条　【化妆品不良反应监测制度】 国家建立化妆品不良反应监测制度。化妆品注册人、备案人应当监测其上市销售化妆品的不良反应，及时开展评价，按照国务院药品监督管理部门的规定向化妆品不良反应监测机构报告。受托生产企业、化妆品经营者和医疗机构发现可能与使用化妆品有关的不良反应的，应当报告化妆品不良反应监测机构。鼓励其他单位和个人向化妆品不良反应监测机构或者负责药品监督管理的部门报告可能与使用化妆品有关的不良反应。

化妆品不良反应监测机构负责化妆品不良反应信息的收集、分析和评价，并向负责药品监督管理的部门提出处理建议。

化妆品生产经营者应当配合化妆品不良反应监测机构、负责药品监督管理的部门开展化妆品不良反应调查。

化妆品不良反应是指正常使用化妆品所引起的皮肤及其附属器官的病变，以及人体局部或者全身性的损害。

注解

本条规定了化妆品的不良反应监测制度。化妆品不良反应监测，是指化妆品不良反应收集、报告、分析评价、调查处理的全过程。开展化妆品不良反应监测，一方面，有利于企业落实主体责任，及时控制化妆品质量安全风险；另一方面，也有利于企业改良产品配方、工艺，提升产品质量的安全水平。

本条第一款规定了化妆品注册人、备案人、受托生产企业、化妆品经营者和医疗机构等主体的不良反应监测责任。各主体责任为：1. 化妆品注册人、备案人责任。《化妆品不良反应监测管理办法》（国家药品监督管理局公告 2022 年第 16 号）第十三条规定："化妆品注册人、备案人应当具备开展化妆品不良反应监测工作的能力，按照化妆品监督管理条例规定履行以下义务：（一）建立并实施化妆品不良反应监测和评价体系，配备与其产品相适应的机构和人员从事化妆品不良反应监测工作；（二）主动收集并按照本办法的规定向化妆品不良反应监测机构报告化妆品不良反应；（三）对发现或者获知的化妆品不良反应及时进行分析评价，根据评价结果采取措施控制风险；（四）配合化妆品不良反应监测机构、负责药品监督管理的部门开展化妆品不良反应调查。境外化妆品注册人、备案人应当与境内责任人建立不良反应主动收集、报告、分析评价和调查处理的协助机制，确保履行本条第一款规定的义务。"

2. 受托生产企业、化妆品经营者责任。《化妆品不良反应监测管理办法》第十四条规定，受托生产企业、化妆品经营者应当按照《化妆品监督管理条例》和本办法的规定向化妆品不良反应监测机构报告发现或者获知的化妆品不良反应，并配合化妆品不良反应监测机构、负责药品监督管理的部门开展化妆品不良反应调查。

3. 医疗机构责任。《化妆品不良反应监测管理办法》第十五条规定，医疗机构应当按照《化妆品监督管理条例》和本办法的规定向化妆品不良反应监测机构报告发现或者获知的化妆品不良反应，并配合化妆品不良反应监测机构、负责药品监督管理的部门开展化妆品不良反应调查。皮肤病专科医疗机构、设有皮肤科的二级及以上医疗机构应当建立与其诊疗范围相适应的化妆品不良反应监测制度，并确保监测制度有效执行。

4. 其他单位和个人责任。《化妆品不良反应监测管理办法》第十六条规定，化妆品电子商务平台经营者获知化妆品不良反应的，应当记录并及时转交平台内化妆品经营者处理，督促平台内化妆品经营者履行化妆品经营者的不良反应报告义务，配合化妆品不良反应监测机构、负责药品监督管理的部门开展化妆品不良反应调查。

本条第二款规定了化妆品不良反应监测机构的责任。为及时收集、分析和评价化妆品不良反应信息，国家设立了各级监测机构。《化妆品不良反应监测管理办法》第二十七条规定，各级监测机构应当逐级对本行政区域内发生的化妆品不良反应进行分析评价，并根据分析评价结果和风险程度向所在地同级负责药品监督管理的部门提出处理建议。

本条第三款规定了化妆品生产经营者应当配合相关部门开展化妆品不良反应调查的法定义务。化妆品不良反应监测机构、负责药品监督管理的部门开展化妆品不良反应调查，对查明化妆品不良反应的原因、及时控制产品风险，意义重大。化妆品生产经营者应积极配合，如实提供相关材料和数据，不得拒绝或者隐瞒有关情况。

本条第四款规定了化妆品不良反应的定义。化妆品不良反应是指正常使用化妆品所引起的皮肤及其附属器官的病变，以及人体局部或者全身性的损害。这里需要注意的是，不是正常使用化妆品所引起的损害不属于化妆品的不良反应范畴。

配套

《化妆品不良反应监测管理办法》第13—16、27条

第五十三条　【化妆品安全风险监测和评价制度】国家建立化妆品安全风险监测和评价制度，对影响化妆品质量安全的风险

因素进行监测和评价，为制定化妆品质量安全风险控制措施和标准、开展化妆品抽样检验提供科学依据。

国家化妆品安全风险监测计划由国务院药品监督管理部门制定、发布并组织实施。国家化妆品安全风险监测计划应当明确重点监测的品种、项目和地域等。

国务院药品监督管理部门建立化妆品质量安全风险信息交流机制，组织化妆品生产经营者、检验机构、行业协会、消费者协会以及新闻媒体等就化妆品质量安全风险信息进行交流沟通。

注 解

本条规定了化妆品安全风险监测和评价制度以及化妆品质量安全风险信息交流机制。《化妆品监督管理条例》积极借鉴《食品安全法》的“风险监测和评估制度”和《药品管理法》的“不良反应监测评价制度”，并将两者统一在一部法规中，这是一项重要创新。目前，我国化妆品生产企业以中小企业为主，还存在行业发展质量和效益不高、创新能力不足、品牌认可度低、非法添加、假冒品牌等问题，威胁消费者的身体健康和财产权益。为保障消费者的合法权益，强化企业主体责任，加强化妆品监管，提升监管的科学性和有效性，防控化妆品质量安全风险，有必要建立化妆品安全风险监测和评价制度。

本条第一款规定了国家要建立化妆品安全风险监测和评价制度。本条中的“化妆品安全风险监测”，是指系统和持续地收集化妆品中风险物质的监测数据及相关信息，并进行综合分析和及时通报的活动。根据《化妆品中可能存在的安全性风险物质风险评估指南》（国食药监许［2010］339号）“一、化妆品中可能存在的安全性风险物质的含义”的规定，化妆品中可能存在的安全性风险物质是指由化妆品原料带入、生产过程中产生或带入的，可能对人体健康造成潜在危害的物质。化妆品安全风险监测可以采取抽样检验的方式，也可采取其他方式，收集风险信息。建立化妆品风险安全监测和评价制度，对影响化妆品质量安全的风险因素进行监测和评价，为制定化妆品质量安全风险控制措施和标准、开展化妆品抽样检验提供科学依据，对防控化妆品质量安全风险，发现违法线索、强化监管等意义重大。

本条第二款规定了国家化妆品安全风险监测计划的制定部门及要求。化妆品安全风险监测计划应当基于风险信息及分析研判，明确需要重点监测的化妆品品种、具体成分或者具体检验项目、特定的地域范围等。从实践来看，风险监测计划重点监测对象包括需求使用量大、流通范围广的日用化妆品或者易引起媒体、消费者广泛关注的化妆品；虚假夸大宣传化妆品功效的化妆品；宣称供婴幼儿、儿童和孕妇等特殊人群使用的化妆品；日常监管工作中发现存在问题、被处罚次数较多的化妆品；非法添加禁用物质、药物的化妆品；超限量超范围使用限用物质的化妆品；使用监测期内或未被批准新原料的化妆品等。药品监督管理部门应坚持问题导向的总原则，将以往发现问题较多、消费者使用量大、可能存在未知风险的产品确定为监测重点，强化监测，提升监测的效能。

本条第三款规定了化妆品质量安全风险信息交流机制建立部门及实施对象。本款授权国务院药品监督管理部门建立化妆品质量安全风险信息交流机制。本款中的“化妆品质量安全风险信息交流”，是指在化妆品质量安全风险分析过程中，国务院药品监督管理部门组织化妆品生产经营者、检验机构、行业协会、消费者协会以及新闻媒体，就某项风险、风险所涉及的因素和风险认知相互交换信息和意见的过程，内容包括风险评估结果的解释和风险管理决策的依据。建立风险交流机制，有利于促进利益相关方及时知晓和理解化妆品质量安全风险，进行有效的信息交流传达，充分交换各自意见和看法，达成共识，并通过加强交流沟通，互通化妆品信息、研究分析安全形势，提出需要重点关注的问题及对策措施建议，及时防控产品风险，切实保障消费者的用妆安全。

配套

《化妆品中可能存在的安全性风险物质风险评估指南》

第五十四条　【紧急控制措施】对造成人体伤害或者有证据证明可能危害人体健康的化妆品，负责药品监督管理的部门可以采取责令暂停生产、经营的紧急控制措施，并发布安全警示信息；属于进口化妆品的，国家出入境检验检疫部门可以暂停进口。

注解

本条规定了药品监督管理部门在特殊情况下可以采取紧急控制措施。采取紧急控制措施的部门是负责药品监督管理的部门。采取紧急控制措施的前提为：化妆品造成人体伤害或者有证据证明可能危害人体健康。“造成人体伤害”，是指化妆品在正常使用的情况下，化妆品本身存在质量安全问题导致人体受到伤害，这种伤害不是化妆品本身以外的原因导致的。“有证据证明可能危害人体健康”，是指有确凿的证据证明可能危害人体健康，在实践中，一般会有检验报告、质量安全公告、已生效的司法判决结果等。

采取紧急控制措施的必要性在于，可以有效防止该化妆品因继续生产经营而导致危害扩大、浪费资源；及时发布警示信息，可以告知消费者立即停止使用该产品，避免受到伤害或造成伤害扩大。采取紧急控制措施要遵守法定程序。责令暂停生产、经营是一种紧急控制措施，不同于行政强制措施，比如查封、扣押等，也不同于行政处罚中的“责令停产停业”。这里需要注意的是，对进口化妆品采取暂停进口的紧急控制措施的部门是国家出入境检验检疫部门。

第五十五条　【再评估要求】根据科学研究的发展，对化妆品、化妆品原料的安全性有认识上的改变的，或者有证据表明化妆品、化妆品原料可能存在缺陷的，省级以上人民政府药品监督管理部门可以责令化妆品、化妆品新原料的注册人、备案人开展安全再评估或者直接组织开展安全再评估。再评估结果表明化妆品、化妆品原料不能保证安全的，由原注册部门撤销注册、备案部门取消备案，由国务院药品监督管理部门将该化妆品原料纳入禁止用于化妆品生产的原料目录，并向社会公布。

注解

本条规定了化妆品安全再评估制度。“化妆品安全再评估”，是指根据科学研究的发展，对化妆品、化妆品原料的安全性有认识上的改变的，或者有证据表明化妆品、化妆品原料可能存在缺陷的，对化妆品中危害人体健康的已知或潜在的不良影响再次进行科学评价。开展再评估工作，可以最大限度消除风险隐患，确保公众用妆安全。

化妆品安全再评估工作可以由省级药品监督管理部门责令化妆品、化妆品新原料的注册人、备案人开展，也可以自行直接组织实施。为确保消费者的用妆安全，本条还规定了再评估结果表明化妆品、化妆品原料不能保证安全的，由原注册部门撤销注册、备案部门取消备案，由国务院药品监督管理部门将该化妆品原料纳入禁止用于化妆品生产的原料目录，并向社会公布。这里需要注意的是，从撤销注册、取消备案之日起，企业将不能再生产销售该化妆品，也不得再使用该原料生产化妆品，对已经生产的产品和未使用的上述原料都应当予以销毁。

第五十六条 【监管信息公布及信用档案制度】 负责药品监督管理的部门应当依法及时公布化妆品行政许可、备案、日常监督检查结果、违法行为查处等监督管理信息。公布监督管理信息时，应当保守当事人的商业秘密。

负责药品监督管理的部门应当建立化妆品生产经营者信用档案。对有不良信用记录的化妆品生产经营者，增加监督检查频次；对有严重不良信用记录的生产经营者，按照规定实施联合惩戒。

注解

本条规定了化妆品监管信息公布及信用档案制度。

本条第一款规定了化妆品监管信息公布制度。《政府信息公开条例》第二十条第五项、第六项规定，行政机关应当依照该条例第十九条的规定，主动公开本行政机关的下列政府信息：……（五）办理行政许可和其他对外管理服务事项的依据、条件、程序以及办理结果；（六）实施行政处罚、行政强制的依据、条件、程序以及本行政机关认为具有一定社会影响的行政处罚决定……为保障消费者的知情权，督促化妆品注册人、备案人落实企业主体责任，负责药品监督管理的部门应当依法及时公布化妆品行政许可、备案、日常监督检查结果、违法行为查处等监督管理信息。为保障行政相对人合法权益，本款还强调了公布监督管理信息时，应当保守当事人的商业秘密。

本条第二款规定了化妆品生产经营者信息档案制度。《国务院办公厅关于加快推进社会信用体系建设构建以信用为基础的新型监管机制的指导意见》规定，全面建立市场主体信用记录。根据权责清单建立信用信息采集目录，在办理注册登记、资质审核、日常监管、公共服务等过程中，及时、准确、全面记录市场主体信用行为，特别是将失信记录建档留痕，做到可查可核可溯。负责药品监督管理的部门应当建立化妆品生产经营者信用档案，将化妆品生产经营者的行政许可、备案、日常监督检查结果、行政处罚等信息记入信用档案，并根据企业信用等级情况，实施分级分类监管：对有不良信用记录的化妆品生产经营者，增加监督检查频次；对有严重不良信用记录的生产经营者，按照规定实施联合惩戒。

配套

《国务院办公厅关于加快推进社会信用体系建设构建以信用为基础的新型监管机制的指导意见》；《政府信息公开条例》第20条

第五十七条　【责任约谈制度】 化妆品生产经营过程中存在安全隐患，未及时采取措施消除的，负责药品监督管理的部门可以对化妆品生产经营者的法定代表人或者主要负责人进行责任约谈。化妆品生产经营者应当立即采取措施，进行整改，消除隐患。责任约谈情况和整改情况应当纳入化妆品生产经营者信用档案。

注解

本条规定了化妆品生产经营者责任约谈制度。《化妆品监督管理条例》借鉴食品药品监管领域的责任约谈制度，建立了化妆品生产经营者责任约谈制度。开展此制度，有利于督促企业落实主体责任 、警示告诫企业积极履行法定义务、增进与监管部门的沟通，与监管部门达成共识。本条明确了开展责任约谈的前提是化妆品生产经营过程中存在安全隐患且未及时采取措施消除。实施部门是负责药品监督管理的部门。被责任约谈的对象是化妆品生产经营者的法定代表人或者主要负责人。责任约谈的结果是化妆品生产经营者应当立即采取措施，进行整改，消除隐患。这里还需要提醒的是，责任约谈情况和整改情况都将纳入化妆品生产经营者信用档案，直接影响其信用，因此化妆品生产经营者应认真对待。

第五十八条　【接受咨询、投诉、举报】负责药品监督管理的部门应当公布本部门的网站地址、电子邮件地址或者电话，接受咨询、投诉、举报，并及时答复或者处理。对查证属实的举报，按照国家有关规定给予举报人奖励。

注解

本条为监管部门接受咨询、投诉、举报职责的规定。为保障公民、有关组织机构等主体的社会监督权利，负责药品监督管理的部门应当公布本部门的网站地址、电子邮件地址或者电话，接受咨询、投诉、举报，并及时答复或者处理。对于查证属实的举报，要按照国家有关规定给予举报人奖励。如《市场监督管理投诉举报处理暂行办法》第三十二条规定，法律、法规、规章规定市场监督管理部门应当将举报处理结果告知举报人或者对举报人实行奖励的，市场监督管理部门应当予以告知或者奖励。另外，根据《市场监督管理投诉举报处理暂行办法》第三十三条的规定，市场监督管理部门应当对举报人的信息予以保密，不得将举报人个人信息、举报办理情况等泄露给被举报人或者与办理举报工作无关的人员，但提供的材料同时包含投诉和举报内容，并且需要向被举报人提供组织调解所必需信息的除外。这里需要强调的是，监管部门要注意保护举报人信息，防止其受到打击报复。

配套

《市场监督管理投诉举报处理暂行办法》第32、33条

第五章　法律责任

第五十九条　【未经许可生产经营以及使用禁用原料生产化妆品的法律责任】有下列情形之一的，由负责药品监督管理的部门没收违法所得、违法生产经营的化妆品和专门用于违法生产经营的原料、包装材料、工具、设备等物品；违法生产经营的化妆品货值金额不足1万元的，并处5万元以上15万元以下罚款；货值金额1万元以上的，并处货值金额15倍以上30倍以下罚款；

情节严重的，责令停产停业、由备案部门取消备案或者由原发证部门吊销化妆品许可证件，10 年内不予办理其提出的化妆品备案或者受理其提出的化妆品行政许可申请，对违法单位的法定代表人或者主要负责人、直接负责的主管人员和其他直接责任人员处以其上一年度从本单位取得收入的 3 倍以上 5 倍以下罚款，终身禁止其从事化妆品生产经营活动；构成犯罪的，依法追究刑事责任：

（一）未经许可从事化妆品生产活动，或者化妆品注册人、备案人委托未取得相应化妆品生产许可的企业生产化妆品；

（二）生产经营或者进口未经注册的特殊化妆品；

（三）使用禁止用于化妆品生产的原料、应当注册但未经注册的新原料生产化妆品，在化妆品中非法添加可能危害人体健康的物质，或者使用超过使用期限、废弃、回收的化妆品或者原料生产化妆品。

注解

本条规定了未经许可从事化妆品生产经营或使用禁用化妆品原料生产化妆品违法行为的法律责任。本条是《化妆品监督管理条例》处罚最为严厉的条款。因本条中的无证生产经营、非法添加等违法问题风险高、社会危害性大，是关乎化妆品质量安全的重点环节，也是最严重的违法行为，必须根据“四个最严”要求——“最严谨的标准、最严格的监管、最严厉的处罚、最严肃的问责”，予以严惩重处。本条与《化妆品卫生监督条例》相关规定相比，加大了处罚力度，综合运用没收、罚款、责令停产停业、吊销许可证件、市场和行业禁入、处罚到人等处罚措施，大幅度提高罚款数额。对涉及的严重违法行为，本条设置了最高可以处罚货值金额的 30 倍罚款，应该说大大提高了违法成本，对违规违法者来说，形成了强大的威慑力。违法行为构成犯罪的，还将依法追究刑事责任。一般而言，本条涉及的罪名有：生产销售不符合卫生标准的化妆品罪、生产伪劣产品罪、假冒注册商标罪和销售假冒注册商标的商品罪。

本条第一项规定了“未经许可从事化妆品生产活动，或者化妆品注册人、备案人委托未取得相应化妆品生产许可的企业生产化妆品”两种未经许可生产化妆品的违法情形。本条例第二十六条规定，从事化妆品生产活动，应当具备下列条件：(一) 是依法设立的企业；(二) 有与生产的化妆品相适应的生产场地、环境条件、生产设施设备；(三) 有与生产的化妆品相适应的技术人员；(四) 有能对生产的化妆品进行检验的检验人员和检验设备；(五) 有保证化妆品质量安全的管理制度。本条例第二十七条第一款还规定，从事化妆品生产活动，应当向所在地省、自治区、直辖市人民政府药品监督管理部门提出申请，提交其符合本条例第二十六条规定条件的证明资料，并对资料的真实性负责。为保障化妆品质量安全，本条例要求从事化妆品生产需具备一些条件，并经过行政许可后方可实施。另外，本条例第二十八条还规定，化妆品注册人、备案人可以自行生产化妆品，也可以委托其他企业生产化妆品。委托生产化妆品的，化妆品注册人、备案人应当委托取得相应化妆品生产许可的企业，并对受委托企业的生产活动进行监督，保证其按照法定要求进行生产。受托生产企业应当依照法律、法规、强制性国家标准、技术规范以及合同约定进行生产，对生产活动负责，并接受化妆品注册人、备案人的监督。故不管是自行生产还是委托生产，化妆品注册人和备案人都得依法开展，否则将承担本条规定的相关法律责任。

本条第二项规定了生产未经注册的特殊化妆品、经营未经注册的特殊化妆品、进口未经注册的特殊化妆品三种违法情形。本条例第十七条规定，特殊化妆品经国务院药品监督管理部门注册后方可生产、进口。生产经营或者进口未经注册的特殊化妆品，最终都将上市销售，被消费者使用，获得非法利益。因此，本条对生产经营或者进口未经注册的特殊化妆品规定了相同的法律责任。生产、进口特殊化妆品必须依法注册。根据本条例第三十八条第一款的规定，化妆品经营者应当建立并执行进货查验记录制度，查验化妆品注册情况，避免出现销售未经注册的特殊化妆品的违法情况。

本条第三项规定了使用禁止用于化妆品生产的原料生产化妆品，使用应当注册但未经注册的新原料生产化妆品，在化妆品中非法添加可能危害人体健康的物质，使用超过使用期限、废弃、回收的化妆品或者原料生产化妆品四种违法情形。化妆品是一种由各类物料经过合理调配而成的混合物。化妆品的原料及其他加入化妆品生产过程中的物质必须是安全的，不能是上述四种物质。关于“禁止用于化妆品生产的原料”，《国家药监局关于更新化妆品禁用原料目录的公告》（2021 年第 74 号）规定，依据《化妆品监督管理条例》相关规定，国家药品监督管理局组织对《化妆品安全技术规范（2015 年版）》第二章中的《化妆品禁用组分（表 1）》《化妆品禁用植（动）物组分（表 2）》进行了修订，形成了《化妆品禁用原料目录》《化妆品禁用植（动）物原料目录》，经化妆品标准专家委员会全体会议审议通过，现予以发布，分别替代原有禁用组分表，并纳入《化妆品安全技术规范（2015 年版）》相应章节。公告自发布之日起施行。自公告发布之日起，化妆品注册人、备案人不得生产、进口产品配方中使用了《化妆品禁用原料目录》《化妆品禁用植（动）物原料目录》规定的禁用原料的化妆品。

为了保障新原料的安全性，本条例第十一条规定，具有防腐、防晒、着色、染发、祛斑美白功能的化妆品新原料，经国务院药品监督管理部门注册后方可使用。未经注册而使用，其危害性不可预测。在化妆品中非法添加可能危害人体健康的物质，是指在注册或者备案的配方之外添加了可能危害人体健康的物质。这种物质可能是列入化妆品禁用目录的物质，也有可能是其他有毒有害物质，在实践中，一般是添加了某种药品。我国化妆品是没有药妆的，也就是说，药品是禁止非法添加到化妆品中的。使用超过使用期限、废弃、回收的化妆品或者原料生产化妆品，主要是指返工生产化妆品。不管是过期的化妆品，还是废弃、回收的化妆品，都有可能与其他组分发生了化学反应，或者可能被污染，不能保证产品质量安全，可能危害人体健康，因此都是严禁使用的。

配套

《行政许可法》第 2、12 条；《行政处罚法》第 2—6 条；《刑法》第 140、148、213、214 条

第六十条　【生产中违反标准、规范，经营中擅自配制化妆品，应召回不召回等违法行为的法律责任】有下列情形之一的，由负责药品监督管理的部门没收违法所得、违法生产经营的化妆品和专门用于违法生产经营的原料、包装材料、工具、设备等物品；违法生产经营的化妆品货值金额不足 1 万元的，并处 1 万元

以上5万元以下罚款；货值金额1万元以上的，并处货值金额5倍以上20倍以下罚款；情节严重的，责令停产停业、由备案部门取消备案或者由原发证部门吊销化妆品许可证件，对违法单位的法定代表人或者主要负责人、直接负责的主管人员和其他直接责任人员处以其上一年度从本单位取得收入的1倍以上3倍以下罚款，10年内禁止其从事化妆品生产经营活动；构成犯罪的，依法追究刑事责任：

（一）使用不符合强制性国家标准、技术规范的原料、直接接触化妆品的包装材料，应当备案但未备案的新原料生产化妆品，或者不按照强制性国家标准或者技术规范使用原料；

（二）生产经营不符合强制性国家标准、技术规范或者不符合化妆品注册、备案资料载明的技术要求的化妆品；

（三）未按照化妆品生产质量管理规范的要求组织生产；

（四）更改化妆品使用期限；

（五）化妆品经营者擅自配制化妆品，或者经营变质、超过使用期限的化妆品；

（六）在负责药品监督管理的部门责令其实施召回后拒不召回，或者在负责药品监督管理的部门责令停止或者暂停生产、经营后拒不停止或者暂停生产、经营。

注解

本条规定了化妆品生产过程中违反强制性国家标准、技术规范、技术要求，违反生产质量管理规范，经营过程中擅自配制化妆品或者经营变质、超过使用期限的化妆品，以及应召回不召回等违法行为的法律责任。本条根据违法行为的情节和轻重，综合规定了没收违法所得和非法财物、罚款、责令停产停业、吊销许可证件、取消备案、处罚到人等行政处罚内容。构成犯罪的，还有可能构成生产、销售不符合卫生标准的化妆品罪和生产、销售伪劣产品罪，承担刑事责任。

本条第一项规定了使用不符合强制性国家标准、技术规范的原料、直接接触化妆品的包装材料，应当备案但未备案的新原料生产化妆品，或者不按照强制性国家标准或者技术规范使用原料的违法情形。根据本条例第三十条第一款规定，化妆品原料、直接接触化妆品的包装材料应当符合强制性国家标准、技术规范。“使用不符合强制性国家标准、技术规范的原料”，这里的原料首先是可以用于化妆品生产的，但不符合强制性国家标准、技术规范。另外，直接接触化妆品的包装材料，因与化妆品直接接触，故不得与化妆品成分发生化学反应，必须无毒无害，也必须符合强制性国家标准、技术规范。关于使用应当备案但未备案的新原料生产化妆品，根据本条例第十一条的规定，“具有防腐、防晒、着色、染发、祛斑美白功能的化妆品新原料，经国务院药品监督管理部门注册后方可使用；其他化妆品新原料应当在使用前向国务院药品监督管理部门备案”，使用未经备案的新原料进行生产，违反了相关规定，应承担相应的法律责任。不按照强制性国家标准或者技术规范使用原料，主要指超过使用范围和限制条件使用限用组分等限制要求使用化妆品新原料。这类违法行为与使用不符合强制性国家标准、技术规范的原料的违法行为社会危害性相当，故应承担相同的法律责任。

本条第二项规定了生产经营不符合强制性国家标准、技术规范的化妆品或者生产经营不符合化妆品经注册、备案资料载明的技术要求的化妆品两种违法情形。本条例第二十五条第三款规定，化妆品应当符合强制性国家标准。鼓励企业制定严于强制性国家标准的企业标准。作为化妆品经营者，应根据本条例第三十八条第一款的规定，建立并执行进货查验记录制度，避免经营不符合强制性国家标准、技术规范的化妆品，否则将承担相应的法律责任。另外，根据本条例第二十九条第二款的规定，化妆品注册人、备案人、受托生产企业应当按照化妆品注册或者备案资料载明的技术要求生产化妆品。经注册、备案资料载明的技术要求是经过监管部门审核通过的，是生产化妆品必须遵循的技术要求，不得擅自变更，否则将承担相应的法律责任。

本条第三项规定了未按照化妆品生产质量管理规范的要求组织生产的违法情形。化妆品生产质量管理规范，是化妆品生产活动必须遵守的重要规定。根据本条例第二十九条第一款规定，化妆品注册人、备案人、受托生产企业应当按照国务院药品监督管理部门制定的化妆品生产质量管理规范的要求组织生产化妆品，建立化妆品生产质量管理体系，建立并执行供应商遴选、原料验收、生产过程及质量控制、设备管理、产品检验及留样等管理制度。化妆品注册人、备案人、受托生产企业在从事化妆品生产活动中，如果没有遵守化妆品生产质量管理规范，应当承担相应的法律责任。

本条第四项规定了更改化妆品使用期限的违法情形。更改化妆品的使用期限，实践中，是把已过期或临期的化妆品的使用期限进行更改，最后都有可能导致消费者实际使用了超过使用期限的化妆品，可能危害人体健康。更改化妆品使用期限的主体，可能是化妆品注册人、备案人或受托生产企业，也有可能是经营使用者。不管是哪个主体，只要实施此违法行为，都应当承担相应的法律责任。

本条第五项规定了化妆品经营者擅自配制化妆品，或者经营变质、超过使用期限的化妆品两种违法情形。本条例第三十八条第二款规定，化妆品经营者不得自行配制化妆品。擅自配制化妆品属于生产行为，需具备法定生产条件，取得生产的行政许可，在开展生产活动时要遵守化妆品生产质量管理规范。如果擅自配制，在配制的过程中，化妆品可能被污染、混淆或错装，难以保证产品质量安全，可能危害消费者的人身健康，应依法承担相应的法律责任。另外，化妆品经营者不得经营变质、超过使用期限的化妆品。根据本条例第三十九条规定，化妆品生产经营者应当依照有关法律、法规的规定和化妆品标签标示的要求贮存、运输化妆品，定期检查并及时处理变质或者超过使用期限的化妆品。化妆品变质或超过了使用期限，其质量明显不符合安全要求，存在安全隐患，经营上述化妆品应承担相应的法律责任。

本条第六项规定了应当召回而未召回，或者在负责药品监督管理的部门责令停止或者暂停生产、经营后拒不停止或者暂停生产、经营的违法情形。本条例第四十四条第一款规定，化妆品注册人、备案人发现化妆品存在质量缺陷或者其他问题，可能危害人体健康的，应当立即停止生产，召回已经上市销售的化妆品，通知相关化妆品经营者和消费者停止经营、使用，并记录召回和通知情况。化妆品注册人、备案人应当对召回的化妆品采取补救、无害化处理、销毁等措施，并将化妆品召回和处理情况向所在地省、自治区、直辖市人民政府药品监督管理部门报告。化妆品注册人、备案人未履行主动召回的法定义务，为保障消费者的安全，相关药品监督管理部门应责令其召回，化妆品注册人、备案人仍不召回的，应承担相应的法律责任。另外，化妆品注册人、备案人在药品监督管理部门责令其停止或者暂停生产、经营后，拒不停止或者暂停生产、经营的，也应承担相应的法律责任。

配套

《化妆品生产经营监督管理办法》第24条；《化妆品生产质量管理规范》第29、34、36条

第六十一条　【经营未备案的普通化妆品及生产经营活动不符合本条例规定等违法行为的法律责任】 有下列情形之一的，由负责药品监督管理的部门没收违法所得、违法生产经营的化妆品，并可以没收专门用于违法生产经营的原料、包装材料、工具、设备等物品；违法生产经营的化妆品货值金额不足1万元的，并处1万元以上3万元以下罚款；货值金额1万元以上的，并处货值金额3倍以上10倍以下罚款；情节严重的，责令停产停业、由备案部门取消备案或者由原发证部门吊销化妆品许可证件，对违法单位的法定代表人或者主要负责人、直接负责的主管人员和其他直接责任人员处以其上一年度从本单位取得收入的1倍以上2倍以下罚款，5年内禁止其从事化妆品生产经营活动：

（一）上市销售、经营或者进口未备案的普通化妆品；

（二）未依照本条例规定设质量安全负责人；

（三）化妆品注册人、备案人未对受托生产企业的生产活动进行监督；

（四）未依照本条例规定建立并执行从业人员健康管理制度；

（五）生产经营标签不符合本条例规定的化妆品。

生产经营的化妆品的标签存在瑕疵但不影响质量安全且不会对消费者造成误导的，由负责药品监督管理的部门责令改正；拒不改正的，处2000元以下罚款。

注解

本条规定了经营未备案的普通化妆品及生产经营活动不符合本条例规定等违法行为的法律责任。本条规定的行政处罚有没收违法所得和非法财物、罚款、责令停产停业、取消备案、吊销许可证件、对责任人的财产罚和资

格罚。

本条第一款第一项规定了上市销售未备案的普通化妆品、经营未备案的普通化妆品和进口未备案的普通化妆品三种违法情形。本条例第十七条规定，国产普通化妆品应当在上市销售前向备案人所在地省、自治区、直辖市人民政府药品监督管理部门备案。进口普通化妆品应当在进口前向国务院药品监督管理部门备案。根据此条规定，上市销售、经营或者进口未备案的普通化妆品属违法行为，应承担相应的法律责任。

本条第一款第二项规定了未依照本条例规定设质量安全负责人的违法情形。质量安全负责人的设立，对保障化妆品的质量安全意义重大。本条例第三十二条规定，化妆品注册人、备案人、受托生产企业应当设质量安全负责人，承担相应的产品质量安全管理和产品放行职责。质量安全负责人应当具备化妆品质量安全相关专业知识，并具有5年以上化妆品生产或者质量安全管理经验。根据此条规定，化妆品注册人、备案人、受托生产企业未设质量安全负责人或者设定的质量安全负责人不符合本条例规定的资质条件的，应依法承担相应的法律责任。

本条第一款第三项规定了化妆品注册人、备案人未对受托生产企业的生产活动进行监督的违法情形。本条例第二十八条第二款规定，委托生产化妆品的，化妆品注册人、备案人应当委托取得相应化妆品生产许可的企业，并对受委托企业的生产活动进行监督，保证其按照法定要求进行生产。受托生产企业应当依照法律、法规、强制性国家标准、技术规范以及合同约定进行生产，对生产活动负责，并接受化妆品注册人、备案人的监督。根据此条规定，化妆品注册人、备案人和受托生产企业有进行监督和接受监督的义务。违反此规定，应承担相应的法律责任。

本条第一款第四项规定了未依照本条例规定建立并执行从业人员健康管理制度的违法情形。本条例第三十三条规定，化妆品注册人、备案人、受托生产企业应当建立并执行从业人员健康管理制度。患有国务院卫生主管部门规定的有碍化妆品质量安全疾病的人员不得直接从事化妆品生产活动。化妆品是直接接触人体的产品，直接从事化妆品生产活动的人员如果患有某种疾病，在生产活动中可能对化妆品造成污染，导致疾病传播，或者对消费者的健康产生威胁。未建立从业人员健康管理制度，或者未严格执行从业人员健康管理制度的，应当依法承担法律责任。

本条第一款第五项规定了生产经营标签不符合本条例规定的化妆品违法情形。本条例第三十五条规定，化妆品的最小销售单元应当有标签。标签应当符合相关法律、行政法规、强制性国家标准，内容真实、完整、准确。进口化妆品可以直接使用中文标签，也可以加贴中文标签；加贴中文标签的，中文标签内容应当与原标签内容一致。第三十六条规定，化妆品标签应当标注下列内容：（一）产品名称、特殊化妆品注册证编号；（二）注册人、备案人、受托生产企业的名称、地址；（三）化妆品生产许可证编号；（四）产品执行的标准编号；（五）全成分；（六）净含量；（七）使用期限、使用方法以及必要的安全警示；（八）法律、行政法规和强制性国家标准规定应当标注的其他内容。第三十七条规定，化妆品标签禁止标注下列内容：（一）明示或者暗示具有医疗作用的内容；（二）虚假或者引人误解的内容；（三）违反社会公序良俗的内容；（四）法律、行政法规禁止标注的其他内容。根据上述规定，生产经营标签要符合相关要求，否则将承担相应的法律责任。

本条第二款规定了标签存在瑕疵可以从轻处罚。本条借鉴了《食品安全法》第一百二十五条第二款的规定。“生产经营的化妆品的标签存在瑕疵”中，关于“瑕疵”的认定，必须同时满足两个条件，一是标签不影响产品质量安全，二是不会对消费者造成误解。

配套

《化妆品生产经营监督管理办法》第 28、58 条；《化妆品生产质量管理规范》第 7、11、53 条；《化妆品标签管理办法》第 20 条

第六十二条　【未公布化妆品功效宣称依据的摘要、未建立并执行进货查验记录制度等违法行为的法律责任】有下列情形之一的，由负责药品监督管理的部门责令改正，给予警告，并处 1 万元以上 3 万元以下罚款；情节严重的，责令停产停业，并处 3 万元以上 5 万元以下罚款，对违法单位的法定代表人或者主要负责人、直接负责的主管人员和其他直接责任人员处 1 万元以上 3 万元以下罚款：

（一）未依照本条例规定公布化妆品功效宣称依据的摘要；

（二）未依照本条例规定建立并执行进货查验记录制度、产

品销售记录制度；

（三）未依照本条例规定对化妆品生产质量管理规范的执行情况进行自查；

（四）未依照本条例规定贮存、运输化妆品；

（五）未依照本条例规定监测、报告化妆品不良反应，或者对化妆品不良反应监测机构、负责药品监督管理的部门开展的化妆品不良反应调查不予配合。

进口商未依照本条例规定记录、保存进口化妆品信息的，由出入境检验检疫机构依照前款规定给予处罚。

注解

本条规定了未依照本条例公布化妆品功效宣称依据的摘要，未建立并执行进货查验记录制度、产品销售记录制度，未对化妆品生产质量管理规范的执行情况进行自查，未按照规定贮存、运输化妆品，未按照规定监测、报告化妆品不良反应等违法行为的法律责任。本条规定的行政处罚有警告、罚款、责令停产停业、处罚到人等。另外，本条还规定了“责令改正”的要求。这里需要注意的是，此要求不是行政强制措施，也不是行政处罚种类，而是一种教育措施。这也是行政处罚坚持教育与惩罚相结合的原则的体现。

本条第一款第一项规定未依照本条例规定公布化妆品功效宣称依据的摘要的违法情形。本条例第二十二条规定，化妆品的功效宣称应当有充分的科学依据。化妆品注册人、备案人应当在国务院药品监督管理部门规定的专门网站公布功效宣称所依据的文献资料、研究数据或者产品功效评价资料的摘要，接受社会监督。根据此规定，化妆品注册人、备案人应当依法公布相关资料，为消费者购买化妆品提供参考。为使化妆品注册人、备案人依法公布相关内容，国务院药品监督管理部门应积极搭建功效宣称信息公开平台。化妆品注册人、备案人应积极履行相关公布义务，否则将承担相应的法律责任。

本条第一款第二项规定了未依照本条例规定建立并执行进货查验记录制度、产品销售记录制度的违法情形。建立并执行进货查验记录制度、产品销售记录制度的主体有：化妆品注册人、备案人、受托生产企业以及化妆品经营者。本条例第三十一条第一款规定，化妆品注册人、备案人、受托生产企业应当建立并执行原料以及直接接触化妆品的包装材料进货查验记录制度、产品销售记录制度。第三十八条规定，化妆品经营者应当建立并执行进货查验记录制度。进货查验记录制度和产品销售记录制度，是实现产品可追溯的重要途径，一旦发生产品质量问题，可以及时实施产品追溯，控制产品风险，召回问题产品，切实保障消费者的用妆安全。上述责任主体应建立并执行进货查验记录制度、产品销售记录制度，否则将承担相应的法律责任。

本条第一款第三项规定了未依照本条例规定对化妆品生产质量管理规范的执行情况进行自查的违法情形。执行化妆品质量管理规范，是保障化妆品质量安全的一项根本制度，是保障生产过程持续合法、产品质量安全的重要措施。本条例第三十四条规定，化妆品注册人、备案人、受托生产企业应当定期对化妆品生产质量管理规范的执行情况进行自查；生产条件发生变化，不再符合化妆品生产质量管理规范要求的，应当立即采取整改措施；可能影响化妆品质量安全的，应当立即停止生产并向所在地省、自治区、直辖市人民政府药品监督管理部门报告。化妆品注册人、备案人、受托生产企业要定期对化妆品生产质量管理规范的执行情况开展自查，发现问题及时整改，消除风险隐患，发现影响化妆品质量安全的，应当立即停止生产，并向监管部门报告。未履行相关法定义务的，应承担相应的法律责任。

本条第一款第四项规定了未依照本条例规定贮存、运输化妆品的违法情形。化妆品贮存、运输有着一定的要求，如果贮存、运输时间和条件不当，会导致化妆品变质，影响产品质量。本条例第三十九条规定，化妆品生产经营者应当依照有关法律、法规的规定和化妆品标签标示的要求贮存、运输化妆品，定期检查并及时处理变质或者超过使用期限的化妆品。未履行相关法定义务的，应承担相应的法律责任。

本条第一款第五项规定了未依照本条例规定监测、报告化妆品不良反应，或者对化妆品不良反应监测机构、负责药品监督管理的部门开展的化妆品不良反应调查不予配合的违法情形。开展化妆品监测，及时报告化妆品不良反应，可以及时收集消费者由于使用化妆品引起的不良后果或伤害的信息，及时采取措施，控制产品风险。本条例第五十二条第一款规定，化妆品注册人、备案人应当监测其上市销售化妆品的不良反应，及时开展评价，按照国务院药品监督管理部门的规定向化妆品不良反应监测机构报告。受托生产企业、化妆品经营者和医疗机构发现可能与使用化妆品有关的不良反应的，应当报告化妆品不良反应监测机构。鼓励其他单位和个人向化妆品不良反应监测机构或者负责药品监督管理的部门报告可能与使用化妆品有关的不良反应。根据此规定，化妆品注册人、备案人应积极开展化妆品不良反应监测，受托生产企业、化妆品经营者和医疗机构应主动开展化妆品不良反应报告工作，并对化妆品不良反应监测机构或者负责药品监督管理的部门开展的化妆品不良反应调查工作予以配合，否则将依法承担相应的法律责任。

本条第二款规定了进口商未依照本条例规定记录、保存进口化妆品信息的，由出入境检验检疫机构依照前款规定给予处罚。进口商将进口化妆品引进中国，负有保障产品安全的法定责任。本条例第四十五条第二款规定，进口商应当对拟进口的化妆品是否已经注册或者备案以及是否符合本条例和强制性国家标准、技术规范进行审核；审核不合格的，不得进口。进口商应当如实记录进口化妆品的信息，记录保存期限应当符合本条例第三十一条第一款的规定。根据《进出口化妆品检验检疫监督管理办法》第三条之规定，海关总署主管全国进出口化妆品检验检疫监督管理工作。主管海关负责所辖区域进出口化妆品检验检疫监督管理工作。

配套

《进出口化妆品检验检疫监督管理办法》第3条；《化妆品生产经营监督管理办法》第39、40条；《化妆品生产质量管理规范》第15、59、62条

第六十三条　【未依照本条例规定报告化妆品新原料使用和安全情况的法律责任】化妆品新原料注册人、备案人未依照本条例规定报告化妆品新原料使用和安全情况的，由国务院药品监督管理部门责令改正，处5万元以上20万元以下罚款；情节严重的，吊销化妆品新原料注册证或者取消化妆品新原料备案，并处20万元以上50万元以下罚款。

注解

本条规定了化妆品新原料注册人、备案人未依照本条例规定报告化妆品新原料使用和安全情况的法律责任。本条规定的行政处罚包括罚款、吊销新

原料注册证或取消化妆品新原料备案并处罚款。

建立新原料监测期管理制度，可以及时掌握新原料的安全情况，防控化妆品质量安全风险，也有利于调动新原料注册人、备案人研发的积极性。本条例第十四条规定，经注册、备案的化妆品新原料投入使用后3年内，新原料注册人、备案人应当每年向国务院药品监督管理部门报告新原料的使用和安全情况。对存在安全问题的化妆品新原料，由国务院药品监督管理部门撤销注册或者取消备案。3年期满未发生安全问题的化妆品新原料，纳入国务院药品监督管理部门制定的已使用的化妆品原料目录。经注册、备案的化妆品新原料纳入已使用的化妆品原料目录前，仍然按照化妆品新原料进行管理。根据此条规定，化妆品注册人、备案人应依法报告化妆品新原料使用和安全情况，否则将承担相应的法律责任。

第六十四条　【提供虚假资料或者采取其他欺骗手段取得行政许可的法律责任】在申请化妆品行政许可时提供虚假资料或者采取其他欺骗手段的，不予行政许可，已经取得行政许可的，由作出行政许可决定的部门撤销行政许可，5年内不受理其提出的化妆品相关许可申请，没收违法所得和已经生产、进口的化妆品；已经生产、进口的化妆品货值金额不足1万元的，并处5万元以上15万元以下罚款；货值金额1万元以上的，并处货值金额15倍以上30倍以下罚款；对违法单位的法定代表人或者主要负责人、直接负责的主管人员和其他直接责任人员处以其上一年度从本单位取得收入的3倍以上5倍以下罚款，终身禁止其从事化妆品生产经营活动。

伪造、变造、出租、出借或者转让化妆品许可证件的，由负责药品监督管理的部门或者原发证部门予以收缴或者吊销，没收违法所得；违法所得不足1万元的，并处5万元以上10万元以下罚款；违法所得1万元以上的，并处违法所得10倍以上20倍以下罚款；构成违反治安管理行为的，由公安机关依法给予治安管理处罚；构成犯罪的，依法追究刑事责任。

注解

本条规定了申请化妆品行政许可时提供虚假资料或者采取其他欺骗手段，伪造、变造、出租、出借或者转让化妆品许可证件的法律责任。本条规定的行政处罚包括没收违法所得和非法财物、罚款、处罚到人、收缴或者吊销许可证件等。《治安管理处罚法》第五十二条规定，有下列行为之一的，处十日以上十五日以下拘留，可以并处一十元以下罚款；情节较轻的，处五日以上十日以下拘留，可以并处五百元以下罚款：（一）伪造、变造或者买卖国家机关、人民团体、企业、事业单位或者其他组织的公文、证件、证明文件、印章的；（二）买卖或者使用伪造、变造的国家机关、人民团体、企业、事业单位或者其他组织的公文、证件、证明文件的；……构成违反治安管理行为的，应依据此规定追究其法律责任。构成犯罪的，可能会构成非法经营罪和伪造、变造、买卖国家机关公文、证件、印章罪。

本条第一款规定了在申请化妆品行政许可时提供虚假资料或者采取其他欺骗手段的违法行为。本条例第十二条第二款规定，注册申请人、备案人应当对所提交资料的真实性、科学性负责。第十九条第三款规定，注册申请人、备案人应当对所提交资料的真实性、科学性负责。第二十七条第一款规定，从事化妆品生产活动，应当向所在地省、自治区、直辖市人民政府药品监督管理部门提出申请，提交其符合本条例第二十六条规定条件的证明资料，并对资料的真实性负责。注册申请人、备案人提交资料的真实性是监管部门作出行政许可决定的重要依据，是化妆品质量安全的重要保障，不履行相关法定义务，应承担相应的法律责任。

本条第二款规定了伪造、变造、出租、出借或者转让化妆品许可证件的违法行为。本款中的“伪造”是指假冒国家机关的名义，制作根本不存在的上述许可证件的行为。“变造”是指对现有的许可证件进行涂改，变更其真实内容的行为。“出租”是指将自己的许可证件出租给承租人，承租人支付租金的行为。“出借”是指将许可证件出借给别人使用的行为。“转让”是指将自己的许可证件以有价或无偿的方式转让给他人的行为。这些行为损害了消费者的知情权，破坏了社会公平正义，侵害了国家机关行政许可的权威性，违法行为人应承担相应的法律责任。

配套

《行政许可法》第31、70、80条；《治安管理处罚法》第52条

第六十五条　【备案时提供虚假资料、已经备案的资料不符合要求的法律责任】备案时提供虚假资料的，由备案部门取消备案，3年内不予办理其提出的该项备案，没收违法所得和已经生产、进口的化妆品；已经生产、进口的化妆品货值金额不足1万元的，并处1万元以上3万元以下罚款；货值金额1万元以上的，并处货值金额3倍以上10倍以下罚款；情节严重的，责令停产停业直至由原发证部门吊销化妆品生产许可证，对违法单位的法定代表人或者主要负责人、直接负责的主管人员和其他直接责任人员处以其上一年度从本单位取得收入的1倍以上2倍以下罚款，5年内禁止其从事化妆品生产经营活动。

已经备案的资料不符合要求的，由备案部门责令限期改正，其中，与化妆品、化妆品新原料安全性有关的备案资料不符合要求的，备案部门可以同时责令暂停销售、使用；逾期不改正的，由备案部门取消备案。

备案部门取消备案后，仍然使用该化妆品新原料生产化妆品或者仍然上市销售、进口该普通化妆品的，分别依照本条例第六十条、第六十一条的规定给予处罚。

注解

本条规定了备案时提供虚假资料，或者已经备案的资料不符合要求及相关违法行为的法律责任。本条规定的行政处罚包括取消备案、没收违法所得和非法财物、罚款、责令停产停业、吊销生产许可证以及对相关责任人的财产罚和资格罚。

本条第一款规定了备案时提供虚假资料的违法情形及法律责任。根据本条例第四条的规定，国家对普通化妆品实行备案管理。国家对风险程度较高的化妆品新原料实行注册管理，对其他化妆品新原料实行备案管理。本条中

的“备案”行为，包括对较高风险以外的其他化妆品新原料的备案和普通化妆品备案。根据本条例第十二条第二款和第十九条第三款的规定，注册申请人、备案人应当对所提交资料的真实性、科学性负责。产品在上市销售前，对较高风险以外的其他化妆品新原料以及普通化妆品需在药品监督管理部门备案。化妆品注册人、备案人应依法对提交资料的真实性、科学性负责，一旦违法将承担相应的法律责任。

本条第二款规定了已经备案的资料不符合要求的法律责任。本条例中规定的备案均为告知性备案，即申请人向监管部门提交了符合法律规定的备案资料后即完成备案。化妆品备案上市后，药品监督管理部门为确保备案产品的安全，会加强事中事后监管，对化妆品备案人备案时提供的资料进行确认，一旦发现资料不符合要求，备案部门将责令化妆品备案人限期改正。为了防控产品风险，如果与化妆品、化妆品新原料安全性有关的备案资料不符合要求的，备案部门可以同时责令暂停销售、使用；逾期不改正的，由备案部门取消备案。

本条第三款规定了备案部门取消备案后，仍然使用该化妆品新原料生产化妆品或者仍然上市销售、进口该普通化妆品的违法行为的法律责任。备案部门取消备案后，仍然使用该化妆品新原料生产化妆品的，依照本条例第六十条“由负责药品监督管理的部门没收违法所得、违法生产经营的化妆品和专门用于违法生产经营的原料、包装材料、工具、设备等物品；违法生产经营的化妆品货值金额不足1万元的，并处1万元以上5万元以下罚款；货值金额1万元以上的，并处货值金额5倍以上20倍以下罚款；情节严重的，责令停产停业、由备案部门取消备案或者由原发证部门吊销化妆品许可证件，对违法单位的法定代表人或者主要负责人、直接负责的主管人员和其他直接责任人员处以其上一年度从本单位取得收入的1倍以上3倍以下罚款，10年内禁止其从事化妆品生产经营活动；构成犯罪的，依法追究刑事责任”的规定给予处罚。

备案部门取消备案后，仍然上市销售、进口该普通化妆品的，依照本条例第六十一条“由负责药品监督管理的部门没收违法所得、违法生产经营的化妆品，并可以没收专门用于违法生产经营的原料、包装材料、工具、设备等物品；违法生产经营的化妆品货值金额不足1万元的，并处1万元以上3万元以下罚款；货值金额1万元以上的，并处货值金额3倍以上10倍以下罚款；情节严重的，责令停产停业、由备案部门取消备案或者由原发证部门吊销化妆品许可证件，对违法单位的法定代表人或者主要负责人、直接负责的主管人员和其他直接责任人员处以其上一年度从本单位取得收入的 1 倍以上 2 倍以下罚款，5 年内禁止其从事化妆品生产经营活动”的规定给予处罚。

第六十六条　【化妆品集中交易市场开办者、展销会举办者违法行为的法律责任】 化妆品集中交易市场开办者、展销会举办者未依照本条例规定履行审查、检查、制止、报告等管理义务的，由负责药品监督管理的部门处 2 万元以上 10 万元以下罚款；情节严重的，责令停业，并处 10 万元以上 50 万元以下罚款。

注解

本条规定了化妆品集中交易市场开办者、展销会举办者违法行为的法律责任。本条规定的行政处罚有罚款、责令停业并处罚款。

本条中的化妆品集中交易市场开办者、展销会举办者作为市场经营的特殊主体，负有管理责任，对保障化妆品的质量安全具有重要作用。本条例第四十条规定，化妆品集中交易市场开办者、展销会举办者应当审查入场化妆品经营者的市场主体登记证明，承担入场化妆品经营者管理责任，定期对入场化妆品经营者进行检查；发现入场化妆品经营者有违反本条例规定行为的，应当及时制止并报告所在地县级人民政府负责药品监督管理的部门。化妆品集中交易市场开办者、展销会举办者如果没有履行法定义务，将承担相应的法律责任。

第六十七条　【电子商务平台经营者违法行为的法律责任】 电子商务平台经营者未依照本条例规定履行实名登记、制止、报告、停止提供电子商务平台服务等管理义务的，由省、自治区、直辖市人民政府药品监督管理部门依照《中华人民共和国电子商务法》的规定给予处罚。

注解

本条规定了电子商务平台经营者违法行为的法律责任。本条属于衔接性规定，即对电子商务平台经营者未依照本条例规定履行实名登记、制止、报告、停止提供电子商务平台服务等管理义务的违法行为的法律责任，不是直接作出规定，而是援引《电子商务法》，由省、自治区、直辖市人民政府药品监督管理部门依照《电子商务法》第八十条“由有关主管部门责令限期改正；逾期不改正的，处二万元以上十万元以下的罚款；情节严重的，责令停业整顿，并处十万元以上五十万元以下的罚款”的规定给予处罚。

本条中“电子商务平台经营者”，根据《电子商务法》第九条第二款规定，是指在电子商务中为交易双方或者多方提供网络经营场所、交易撮合、信息发布等服务，供交易双方或者多方独立开展交易活动的法人或者非法人组织。《电子商务法》第二十七条规定：“电子商务平台经营者应当要求申请进入平台销售商品或者提供服务的经营者提交其身份、地址、联系方式、行政许可等真实信息，进行核验、登记，建立登记档案，并定期核验更新。电子商务平台经营者为进入平台销售商品或者提供服务的非经营用户提供服务，应当遵守本节有关规定。”第二十九条规定：“电子商务平台经营者发现平台内的商品或者服务信息存在违反本法第十二条、第十三条规定情形的，应当依法采取必要的处置措施，并向有关主管部门报告。”本条例第四十一条第一款规定：“电子商务平台经营者应当对平台内化妆品经营者进行实名登记，承担平台内化妆品经营者管理责任，发现平台内化妆品经营者有违反本条例规定行为的，应当及时制止并报告电子商务平台经营者所在地省、自治区、直辖市人民政府药品监督管理部门；发现严重违法行为的，应当立即停止向违法的化妆品经营者提供电子商务平台服务。”电子商务平台经营者应依法履行其管理责任，否则将承担相应的法律责任。

配套

《电子商务法》第9、12、13、27、29、80条

第六十八条　【有条件免除对化妆品经营者的行政处罚】化妆品经营者履行了本条例规定的进货查验记录等义务，有证据证明其不知道所采购的化妆品是不符合强制性国家标准、技术规范或者不符合化妆品注册、备案资料载明的技术要求的，收缴其经营的不符合强制性国家标准、技术规范或者不符合化妆品注册、备案资料载明的技术要求的化妆品，可以免除行政处罚。

注解

本条规定了有条件免除化妆品经营者的行政处罚。化妆品经营者和化妆品生产者负有相同的保障化妆品安全的法律责任。化妆品经营者经营的化妆品不符合强制性国家标准、技术规范或者不符合化妆品注册、备案资料载明的技术要求的，应承担相应的法律责任。但是，化妆品经营者如果履行了相关法定义务，比如履行了本条例规定的进货查验记录等义务，并有证据证明其不知道所采购的化妆品存在以上问题，可以免除行政处罚，这体现了行政处罚与教育相结合的原则。

本条规定的可以免除处罚的条件有三个方面：一是履行了本条例规定的进货查验记录等义务；二是有证据证明其不知道所采购的化妆品是不符合强制性国家标准、技术规范或者不符合化妆品注册、备案资料载明的技术要求的，行为不存在“故意”，化妆品经营者负有举证责任，要能证明自己不知晓；三是仅限于经营的化妆品不符合强制性国家标准、技术规范或者不符合化妆品注册、备案资料载明的技术要求，不包含经营未经注册或备案的化妆品等。

另外，值得注意的是，本条规定对化妆品经营者符合法定情形可以免除行政处罚，但对其经营的不符合强制性国家标准、技术规范或者不符合化妆品注册、备案资料载明的技术要求的化妆品要予以收缴。收缴不是行政处罚的种类，但属于具体行政行为，实施时要依照法定程序开展，并给予行政相对人相应的救济途径，以保障其合法权益。

第六十九条　【化妆品广告违法及其他虚假宣传或引人误解宣传的法律责任】化妆品广告违反本条例规定的，依照《中华人民共和国广告法》的规定给予处罚；采用其他方式对化妆品作虚假或者引人误解的宣传的，依照有关法律的规定给予处罚；构成犯罪的，依法追究刑事责任。

注解

本条规定了化妆品广告违法及采用其他方式作虚假宣传或引人误解宣传的法律责任。本条属于衔接性规定，未对化妆品虚假或者引人误解的宣传的违法行为主体直接作出行政处罚，而是援引《广告法》第五十五条第一款

“违反本法规定，发布虚假广告的，由市场监督管理部门责令停止发布广告，责令广告主在相应范围内消除影响，处广告费用三倍以上五倍以下的罚款，广告费用无法计算或者明显偏低的，处二十万元以上一百万元以下的罚款；两年内有三次以上违法行为或者有其他严重情节的，处广告费用五倍以上十倍以下的罚款，广告费用无法计算或者明显偏低的，处一百万元以上二百万元以下的罚款，可以吊销营业执照，并由广告审查机关撤销广告审查批准文件、一年内不受理其广告审查申请”、《反不正当竞争法》第二十条“经营者违反本法第八条规定对其商品作虚假或者引人误解的商业宣传，或者通过组织虚假交易等方式帮助其他经营者进行虚假或者引人误解的商业宣传的，由监督检查部门责令停止违法行为，处二十万元以上一百万元以下的罚款；情节严重的，处一百万元以上二百万元以下的罚款，可以吊销营业执照。经营者违反本法第八条规定，属于发布虚假广告的，依照《中华人民共和国广告法》的规定处罚”等有关法律规定予以处罚。构成犯罪的，涉及的罪名主要是《刑法》第二百二十二条规定的虚假广告罪，该条规定，广告主、广告经营者、广告发布者违反国家规定，利用广告对商品或者服务作虚假宣传，情节严重的，处二年以下有期徒刑或者拘役，并处或者单处罚金。

本条例第六条第一款规定，化妆品注册人、备案人对化妆品的质量安全和功效宣称负责。第四十三条规定，化妆品广告的内容应当真实、合法。化妆品广告不得明示或者暗示产品具有医疗作用，不得含有虚假或者引人误解的内容，不得欺骗、误导消费者。《反不正当竞争法》第八条规定，经营者不得对其商品的性能、功能、质量、销售状况、用户评价、曾获荣誉等作虚假或者引人误解的商业宣传，欺骗、误导消费者。经营者不得通过组织虚假交易等方式，帮助其他经营者进行虚假或者引人误解的商业宣传。《广告法》第四条规定，广告不得含有虚假或者引人误解的内容，不得欺骗、误导消费者。广告主应当对广告内容的真实性负责。第二十八条规定，广告以虚假或者引人误解的内容欺骗、误导消费者的，构成虚假广告。广告有下列情形之一的，为虚假广告：（一）商品或者服务不存在的；（二）商品的性能、功能、产地、用途、质量、规格、成分、价格、生产者、有效期限、销售状况、曾获荣誉等信息，或者服务的内容、提供者、形式、质量、价格、销售状况、曾获荣誉等信息，以及与商品或者服务有关的允诺等信息与实际情况不符，对购买行为有实质性影响的；（三）使用虚构、伪造或者无法验证的科研成果、统计资料、调查结果、文摘、引用语等信息作证明材料的；（四）虚构使用商品或者接受服务的效果的；（五）以虚假或者引人误解的内容欺骗、误导消费者的其他情形。由以上规定可以看出，化妆品生产经营者应依法履行相关义务，不能对化妆品作虚假或者引人误解的宣传，否则将承担相应的法律责任。

配 套

《广告法》第4、28、55条；《反不正当竞争法》第8、20条；《刑法》第222条

第七十条　【境内责任人以及境外化妆品注册人、备案人不履行法定义务的法律责任】境外化妆品注册人、备案人指定的在我国境内的企业法人未协助开展化妆品不良反应监测、实施产品召回的，由省、自治区、直辖市人民政府药品监督管理部门责令改正，给予警告，并处2万元以上10万元以下罚款；情节严重的，处10万元以上50万元以下罚款，5年内禁止其法定代表人或者主要负责人、直接负责的主管人员和其他直接责任人员从事化妆品生产经营活动。

境外化妆品注册人、备案人拒不履行依据本条例作出的行政处罚决定的，10年内禁止其化妆品进口。

注 解

本条规定了境外化妆品注册人、备案人指定的在我国境内的企业法人，即境内责任人不履行法定义务以及境外化妆品注册人、备案人拒不履行依据本条例作出的行政处罚决定的法律责任。本条规定的行政处罚包括警告、罚款、相关责任人员的资格罚。值得注意的是，行政处罚的实施机关有省级药品监督管理部门和国家药品监督管理部门。

关于境内责任人的法定义务，本条例第二十三条规定，境外化妆品注册人、备案人应当指定我国境内的企业法人办理化妆品注册、备案，协助开展化妆品不良反应监测、实施产品召回。境内责任人协助境外化妆品注册人、

备案人开展化妆品不良反应监测，实施产品召回，对及时收集化妆品不良反应信息，及时处置产品风险，保障进口化妆品质量安全至关重要。同理，境外化妆品注册人、备案人应强化主体责任，积极履行法定义务，包括履行依据本条例作出的行政处罚决定，维护法律权威，切实保障进口化妆品的质量安全，否则将承担相应的法律责任。

配套

《化妆品注册备案管理办法》第8条

第七十一条　【化妆品检验机构出具虚假检验报告的法律责任】化妆品检验机构出具虚假检验报告的，由认证认可监督管理部门吊销检验机构资质证书，10年内不受理其资质认定申请，没收所收取的检验费用，并处5万元以上10万元以下罚款；对其法定代表人或者主要负责人、直接负责的主管人员和其他直接责任人员处以其上一年度从本单位取得收入的1倍以上3倍以下罚款，依法给予或者责令给予降低岗位等级、撤职或者开除的处分，受到开除处分的，10年内禁止其从事化妆品检验工作；构成犯罪的，依法追究刑事责任。

注解

本条规定了化妆品检验机构出具虚假检验报告的法律责任。这种责任包括行政处罚和行政处分。构成犯罪的，还将承担刑事责任。涉及的罪名主要是《刑法》第二百二十九条规定的提供虚假证明文件罪，该条第一款、第二款规定："承担资产评估、验资、验证、会计、审计、法律服务、保荐、安全评价、环境影响评价、环境监测等职责的中介组织的人员故意提供虚假证明文件，情节严重的，处五年以下有期徒刑或者拘役，并处罚金；有下列情形之一的，处五年以上十年以下有期徒刑，并处罚金：（一）提供与证券发行相关的虚假的资产评估、会计、审计、法律服务、保荐等证明文件，情节特别严重的；（二）提供与重大资产交易相关的虚假的资产评估、会计、审计等证明文件，情节特别严重的；（三）在涉及公共安全的重大工程、项目中提供虚假的安全评价、环境影响评价等证明文件，致使公共财产、国家和人民利益遭受特别重大损失的。有前款行为，同时索取他人财物或者非法收受他人财物构成犯罪的，依照处罚较重的规定定罪处罚。”

化妆品检验是获知化妆品质量是否安全的重要途径。化妆品检验报告是监管部门判定化妆品是否符合强制性国家标准、技术规范、经注册备案的技术要求的重要依据。如果化妆品不合格，而检验机构出具了产品合格的虚假检验报告，不仅使违法者逃避了责任追究，而且对消费者的人身安全造成威胁。如果化妆品合格，而检验机构出具了产品不合格的虚假检验报告，必将侵害行政相对人的合法利益。故化妆品检验机构出具虚假检验报告的，应依法承担相应的法律责任。

配套

《刑法》第229条

第七十二条　【化妆品技术审评机构等未履行职责的法律责任】化妆品技术审评机构、化妆品不良反应监测机构和负责化妆品安全风险监测的机构未依照本条例规定履行职责，致使技术审评、不良反应监测、安全风险监测工作出现重大失误的，由负责药品监督管理的部门责令改正，给予警告，通报批评；造成严重后果的，对其法定代表人或者主要负责人、直接负责的主管人员和其他直接责任人员，依法给予或者责令给予降低岗位等级、撤职或者开除的处分。

注解

本条规定了化妆品技术审评机构、化妆品不良反应监测机构和负责化妆品安全风险监测的机构未依法履行职责违法行为的法律责任。本条规定的法律责任包括警告等行政处罚和降低岗位等级、撤职或者开除的行政处分。

化妆品技术审评机构负责化妆品行政许可过程中的技术审评工作。根据本条例第五十二条第二款，化妆品不良反应监测机构负责化妆品不良反应信息的收集、分析和评价，并向负责药品监督管理的部门提出处理建议。根据本条例第五十三条第一款，国家建立化妆品安全风险监测和评价制度，对影响化妆品质量安全的风险因素进行监测和评价，为制定化妆品质量安全风险控制措施和标准、开展化妆品抽样检验提供科学依据。上述责任主体应积极履行法定职责，否则将承担相应的法律责任。

第七十三条　【招用、聘用禁用人员的法律责任】化妆品生产经营者、检验机构招用、聘用不得从事化妆品生产经营活动的人员或者不得从事化妆品检验工作的人员从事化妆品生产经营或者检验的，由负责药品监督管理的部门或者其他有关部门责令改正，给予警告；拒不改正的，责令停产停业直至吊销化妆品许可证件、检验机构资质证书。

注解

本条规定了化妆品生产经营者、检验机构招用、聘用不得从事化妆品生产经营活动的人员或者不得从事化妆品检验工作的人员从事化妆品生产经营或者检验的法律责任。本条规定的行政处罚包括警告，责令停产停业，吊销许可证件、检验机构资质证书。

本条例关于禁止有关责任人从事化妆品生产经营或者化妆品检验工作的规定如下：本条例第五十九条规定，情节严重的，责令停产停业、由备案部门取消备案或者由原发证部门吊销化妆品许可证件，10年内不予办理其提出的化妆品备案或者受理其提出的化妆品行政许可申请，对违法单位的法定代表人或者主要负责人、直接负责的主管人员和其他直接责任人员处以其上一年度从本单位取得收入的3倍以上5倍以下罚款，终身禁止其从事化妆品生产经营活动。第六十条规定，情节严重的，责令停产停业、由备案部门取消备案或者由原发证部门吊销化妆品许可证件，对违法单位的法定代表人或者主要负责人、直接负责的主管人员和其他直接责任人员处以其上一年度从本单位取得收入的1倍以上3倍以下罚款，10年内禁止其从事化妆品生产经营活动。第六十一条第一款规定，情节严重的，责令停产停业、由备案部门取消备案或者由原发证部门吊销化妆品许可证件，对违法单位的法定代表人或者主要负责人、直接负责的主管人员和其他直接责任人员处以其上一年度从本单位取得收入的1倍以上2倍以下罚款，5年内禁止其从事化妆品生产经营活动。第六十四条第一款规定，对违法单位的法定代表人或者主要负责人、直接负责的主管人员和其他直接责任人员处以其上一年度从本单位取得收入的3倍以上5倍以下罚款，终身禁止其从事化妆品生产经营活动。第六十五条第一款规定，情节严重的，责令停产停业直至由原发证部门吊销化妆品生产许可证，对违法单位的法定代表人或者主要负责人、直接负责的主管人员和其他直接责任人员处以其上一年度从本单位取得收入的1倍以上2倍以下罚款，5年内禁止其从事化妆品生产经营活动。第七十条第一款规定，情节严重的，处10万元以上50万元以下罚款，5年内禁止其法定代表人或者主要负责人、直接负责的主管人员和其他直接责任人员从事化妆品生产经营活动。第七十一条规定，对其法定代表人或者主要负责人、直接负责的主管人员和其他直接责任人员处以其上一年度从本单位取得收入的1倍以上3倍以下罚款，依法给予或者责令给予降低岗位等级、撤职或者开除的处分，受到开除处分的，10年内禁止其从事化妆品检验工作。以上规定均含有责任人的资格罚，也是本条例“处罚到人”的制度创新。本条规定能确保“处罚到人”制度落到实处，也能促进相关责任人主动落实管理责任，确保化妆品质量安全。

第七十四条　【阻碍执法、隐匿证据等抗拒执法的法律责任】有下列情形之一，构成违反治安管理行为的，由公安机关依法给予治安管理处罚；构成犯罪的，依法追究刑事责任：

（一）阻碍负责药品监督管理的部门工作人员依法执行职务；

（二）伪造、销毁、隐匿证据或者隐藏、转移、变卖、损毁依法查封、扣押的物品。

注解

本条规定了阻碍负责药品监督管理的部门工作人员依法执行职务，伪造、销毁、隐匿证据或者隐藏、转移、变卖、损毁依法查封、扣押的物品的法律责任。本条规定的行政处罚由公安机关实施。《治安管理处罚法》第五十条规定，有下列行为之一的，处警告或者二百元以下罚款；情节严重的，处五日以上十日以下拘留，可以并处五百元以下罚款：……（二）阻碍国家机关工作人员依法执行职务的……第六十条规定，有下列行为之一的，处五日以上十日以下拘留，并处二百元以上五百元以下罚款：（一）隐藏、转移、变卖或者损毁行政执法机关依法扣押、查封、冻结的财物的；（二）伪造、隐匿、毁灭证据或者提供虚假证言、谎报案情，影响行政执法机关依法办案的；（三）明知是赃物而窝藏、转移或者代为销售的……本条涉及的罪名主要有妨害公务罪。根据《刑法》第二百七十七条第一款的规定，以暴力、威胁方法阻碍国家机关工作人员依法执行职务的，处三年以下有期徒刑、拘役、管制或者罚金。

根据本条例第四十七条的规定，被检查单位对监督检查应当予以配合，不得隐瞒有关情况。本条例第五十二条第三款规定，化妆品生产经营者应当配合化妆品不良反应监测机构、负责药品监督管理的部门开展化妆品不良反应调查。《化妆品注册备案管理办法》第八条规定，注册人、备案人在境外的，应当指定我国境内的企业法人作为境内责任人。境内责任人应当履行以下义务：……（五）配合药品监督管理部门的监督检查工作。化妆品生产经营企业或相关单位应配合监管部门依法执行职务，履行相关的法定义务，不得阻碍负责药品监督管理的部门工作人员依法执行职务，不得伪造、销毁、隐匿证据或者隐藏、转移、变卖、损毁依法查封、扣押的物品，否则将承担相应的法律责任。

配套

《治安管理处罚法》第50、60条；《刑法》第277条；《化妆品注册备案管理办法》第8条

第七十五条　【监管部门滥用职权、玩忽职守、徇私舞弊的法律责任】 负责药品监督管理的部门工作人员违反本条例规定，滥用职权、玩忽职守、徇私舞弊的，依法给予警告、记过或者记大过的处分；造成严重后果的，依法给予降级、撤职或者开除的处分；构成犯罪的，依法追究刑事责任。

注解

本条规定了药品监督管理部门工作人员滥用职权、玩忽职守、徇私舞弊的法律责任。本条规定的法律责任有警告、记过或者记大过，降级、撤职或者开除。构成犯罪的，应承担刑事责任。本条涉及的主要罪名有滥用职权罪、玩忽职守罪、徇私舞弊不移交刑事案件罪、放纵制售伪劣商品犯罪行为罪等。

本条中的“滥用职权”，指药品监督管理部门工作人员故意逾越职权，不按或违反法律规定处理其无权决定、处理的事项，或者违反规定处理公务等违法行使职权的行为。“玩忽职守”，是指药品监督管理部门工作人员对工作严重不负责任，包括不依法履行职责、不作为，也包括在履行职责时不尽职、不认真的行为。“徇私舞弊”，是指药品监督管理部门工作人员在化妆品监管中，为了私情或者谋求私利，故意违反事实或者法律作出枉法处理、枉法决定的行为。药品监督管理部门的工作人员，有依法履行相应法定义务的职责，应当依法行政，为保障化妆品的质量安全、维护消费者的合法权益和维持市场秩序依法履职。药品监督管理部门工作人员如违反本条例规定，滥用职权、玩忽职守、徇私舞弊，应承担相应的法律责任。

配套

《刑法》第397、402、414条；《公务员法》第108条

第七十六条　【民事赔偿责任的规定】违反本条例规定，造成人身、财产或者其他损害的，依法承担赔偿责任。

注解

本条规定了违反本条例规定，造成人身、财产或者其他损害的民事赔偿责任。化妆品注册人、备案人、受托生产企业等主体违反本条例的规定，可能会面临承担刑事责任和行政处罚，如造成人身、财产或者其他损害的，还要依法承担民事赔偿责任。根据《产品质量法》第四十一条的规定，因产品存在缺陷造成人身、缺陷产品以外的其他财产损害的，生产者应当承担赔偿责任。《产品质量法》第四十二条规定，由于销售者的过错使产品存在缺陷，造成人身、他人财产损害的，销售者应当承担赔偿责任。销售者不能指明缺陷产品的生产者也不能指明缺陷产品的供货者的，销售者应当承担赔偿责任。《民法典》第一千二百零二条规定，因产品存在缺陷造成他人损害的，生产者应当承担侵权责任。第一千一百七十九条规定，侵害他人造成人身损害的，应当赔偿医疗费、护理费、交通费、营养费、住院伙食补助费等为治疗和康复支出的合理费用，以及因误工减少的收入。造成残疾的，还应当赔偿辅助器具费和残疾赔偿金；造成死亡的，还应当赔偿丧葬费和死亡赔偿金。

另外，根据《消费者权益保护法》第五十五条的规定，经营者提供商品或者服务有欺诈行为的，应当按照消费者的要求增加赔偿其受到的损失，增加赔偿的金额为消费者购买商品的价款或者接受服务的费用的三倍；增加赔偿的金额不足五百元的，为五百元。法律另有规定的，依照其规定。经营者明知商品或者服务存在缺陷，仍然向消费者提供，造成消费者或者其他受害人死亡或者健康严重损害的，受害人有权要求经营者依照《消费者权益保护法》第四十九条、第五十一条等法律规定赔偿损失，并有权要求所受损失二倍以下的惩罚性赔偿。

配套

《产品质量法》第 41、42 条；《民法典》第 1179、1202 条；《消费者权益保护法》第 55 条

第六章　附　　则

第七十七条　【牙膏、香皂适用本条例的特别规定】牙膏参照本条例有关普通化妆品的规定进行管理。牙膏备案人按照国家标准、行业标准进行功效评价后，可以宣称牙膏具有防龋、抑牙菌斑、抗牙本质敏感、减轻牙龈问题等功效。牙膏的具体管理办法由国务院药品监督管理部门拟订，报国务院市场监督管理部门审核、发布。

香皂不适用本条例，但是宣称具有特殊化妆品功效的适用本条例。

注解

本条对牙膏、香皂管理是否适用此条例作出特别规定。本条例第三条规定，本条例所称化妆品，是指以涂擦、喷洒或者其他类似方法，施用于皮肤、毛发、指甲、口唇等人体表面，以清洁、保护、美化、修饰为目的的日用化学工业产品。牙膏因不符合化妆品的定义，不属于化妆品。香皂作用于人体皮肤，符合化妆品的定义，属于化妆品。但考虑牙膏和香皂的特殊性，

本条例对牙膏、香皂的法律适用作了特别规定。

本条第一款规定了牙膏参照本条例有关普通化妆品的规定进行管理。关于牙膏是否纳入化妆品管理，《化妆品卫生监督条例》第二条规定，化妆品，是指以涂擦、喷洒或者其他类似的方法，散布于人体表面任何部位（皮肤、毛发、指甲、口唇等），以达到清洁、消除不良气味、护肤、美容和修饰目的的日用化学工业产品。该条例未将牙膏纳入化妆品管理。2007年，国家质检总局（已撤销）颁布《化妆品标识管理规定》，牙膏被正式列入化妆品的管理范畴。在化妆品行业监管职能调整后，2013年，国家食品药品监督管理总局（已撤销）发布《关于进一步做好当前化妆品生产许可有关工作的通知》，进一步强调将牙膏类产品列入化妆品监管范围。牙膏和其他口腔护理用品的主要目的是清洁和美化，美国、欧盟、日本等国家和地区均将口腔护理用品纳入化妆品管理。《化妆品监督管理条例》经多次征求意见，结合监管实际，反复研究论证，没有将牙膏纳入化妆品的定义，而是参照普通化妆品对其进行管理。同时考虑到牙膏可以进行功效宣称，并形成了相关标准。故本条例规定，牙膏备案人按照国家标准、行业标准进行功效评价后，可以宣称牙膏具有防龋、抑牙菌斑、抗牙本质敏感、减轻牙龈问题等功效。本条对牙膏参照普通化妆品管理只是作了原则性规定，规定了牙膏的具体管理办法由国务院药品监督管理部门拟订，报国务院市场监督管理部门审核、发布。

本条第二款规定了香皂不适用本条例，但是宣称具有特殊化妆品功效的适用本条例。例如宣称有美白功效，那么该产品将需要按照特殊化妆品的要求进行注册监管，但是普通香皂不按照化妆品监管。

应用

17. 牙膏、香皂属于化妆品吗？

按照《化妆品监督管理条例》第七十七条规定，牙膏参照有关普通化妆品的规定进行管理，因此从法规的角度，可把牙膏视为化妆品管理。宣称具有特殊化妆品功效的，如祛斑美白香皂按照化妆品监管，但是普通香皂不按照化妆品监管。

第七十八条　【部分特殊化妆品过渡期的规定】对本条例施行前已经注册的用于育发、脱毛、美乳、健美、除臭的化妆品自本条例施行之日起设置5年的过渡期，过渡期内可以继续生产、进口、销售，过渡期满后不得生产、进口、销售该化妆品。

注解

本条规定了对本条例施行前已经注册的用于育发、脱毛、美乳、健美、除臭的化妆品自本条例施行之日起设置5年的过渡期。《化妆品卫生监督条例》第十条第二款规定，特殊用途化妆品是指用于育发、染发、烫发、脱毛、美乳、健美、除臭、祛斑、防晒的化妆品。根据监管实践和我国实际，《化妆品监督管理条例》第十六条第一款规定，用于染发、烫发、祛斑美白、防晒、防脱发的化妆品以及宣称新功效的化妆品为特殊化妆品。特殊化妆品以外的化妆品为普通化妆品。用于育发、脱毛、美乳、健美、除臭的化妆品不再作为特殊化妆品进行管理。为保障这几类产品的安全，本条设置了5年的过渡期，过渡期内可以继续生产、进口、销售，过渡期满后不得生产、进口、销售这几类产品。

第七十九条　【化妆品技术规范的界定】本条例所称技术规范，是指尚未制定强制性国家标准、国务院药品监督管理部门结合监督管理工作需要制定的化妆品质量安全补充技术要求。

注解

本条规定了化妆品技术规范的界定。关于化妆品技术规范，本条例第六条第二款规定，化妆品生产经营者应当依照法律、法规、强制性国家标准、技术规范从事生产经营活动，加强管理，诚信自律，保证化妆品质量安全。第三十条第一款规定，化妆品原料、直接接触化妆品的包装材料应当符合强制性国家标准、技术规范。根据上述规定，可以看出化妆品技术规范是化妆品注册人、备案人、受托生产企业必须遵守的重要规定，故本条对其进行界定，专门作出规定。根据《标准化法》第二条的规定，标准（含标准样品），是指农业、工业、服务业以及社会事业等领域需要统一的技术要求。标准包括国家标准、行业标准、地方标准和团体标准、企业标准。国家标准分为强制性标准、推荐性标准，行业标准、地方标准是推荐性标准。强制性标准必须执行。国家鼓励采用推荐性标准。为解决强制性标准不够的问题，本条例规定化妆品技术规范具有强制执行的效力。

但值得注意的是，本条例对化妆品技术规范的范围作了限定。一是尚未制定强制性国家标准的事项；二是化妆品技术规范由国务院药品监督管理部门制定；三是化妆品技术规范是补充性技术要求。

配 套

《标准化法》第 2 条

第八十条　【施行日期】本条例自 2021 年 1 月 1 日起施行。《化妆品卫生监督条例》同时废止。

注 解

本条规定了《化妆品监督管理条例》的施行日期。2020 年 6 月 16 日，国务院公布《化妆品监督管理条例》。条例自 2021 年 1 月 1 日起施行，在实施前预留了较长时间，主要是为了让化妆品生产经营者根据本条例提前做好相关准备工作，主管部门做好法规清理和配套规定的制定工作，相关部门也可以提前做好宣贯工作。本条例生效之日起，《化妆品卫生监督条例》同时废止。

配套法规

化妆品注册备案管理办法

（2021年1月7日国家市场监督管理总局令第35号公布　自2021年5月1日起施行）

第一章　总　　则

第一条　为了规范化妆品注册和备案行为，保证化妆品质量安全，根据《化妆品监督管理条例》，制定本办法。

第二条　在中华人民共和国境内从事化妆品和化妆品新原料注册、备案及其监督管理活动，适用本办法。

第三条　化妆品、化妆品新原料注册，是指注册申请人依照法定程序和要求提出注册申请，药品监督管理部门对申请注册的化妆品、化妆品新原料的安全性和质量可控性进行审查，决定是否同意其申请的活动。

化妆品、化妆品新原料备案，是指备案人依照法定程序和要求，提交表明化妆品、化妆品新原料安全性和质量可控性的资料，药品监督管理部门对提交的资料存档备查的活动。

第四条　国家对特殊化妆品和风险程度较高的化妆品新原料实行注册管理，对普通化妆品和其他化妆品新原料实行备案管理。

第五条　国家药品监督管理局负责特殊化妆品、进口普通化妆品、化妆品新原料的注册和备案管理，并指导监督省、自治区、直辖市药品监督管理部门承担的化妆品备案相关工作。国家药品监督管理局可以委托具备相应能力的省、自治区、直辖市药品监督管理部门实施进口普通化妆品备案管理工作。

国家药品监督管理局化妆品技术审评机构（以下简称技术审评机构）负责特殊化妆品、化妆品新原料注册的技术审评工作，进口普通化妆品、化妆品新原料备案后的资料技术核查工作，以及化妆品新原料使用和安全情况报告的评估工作。

国家药品监督管理局行政事项受理服务机构（以下简称受理机构）、审核查验机构、不良反应监测机构、信息管理机构等专业技术机构，承担化妆品注册和备案管理所需的注册受理、现场核查、不良反应监测、信息化建设与管理等工作。

第六条 省、自治区、直辖市药品监督管理部门负责本行政区域内国产普通化妆品备案管理工作，在委托范围内以国家药品监督管理局的名义实施进口普通化妆品备案管理工作，并协助开展特殊化妆品注册现场核查等工作。

第七条 化妆品、化妆品新原料注册人、备案人依法履行产品注册、备案义务，对化妆品、化妆品新原料的质量安全负责。

化妆品、化妆品新原料注册人、备案人申请注册或者进行备案时，应当遵守有关法律、行政法规、强制性国家标准和技术规范的要求，对所提交资料的真实性和科学性负责。

第八条 注册人、备案人在境外的，应当指定我国境内的企业法人作为境内责任人。境内责任人应当履行以下义务：

（一）以注册人、备案人的名义，办理化妆品、化妆品新原料注册、备案；

（二）协助注册人、备案人开展化妆品不良反应监测、化妆品新原料安全监测与报告工作；

（三）协助注册人、备案人实施化妆品、化妆品新原料召回工作；

（四）按照与注册人、备案人的协议，对投放境内市场的化妆品、化妆品新原料承担相应的质量安全责任；

（五）配合药品监督管理部门的监督检查工作。

第九条 药品监督管理部门应当自化妆品、化妆品新原料准予注册、完成备案之日起5个工作日内，向社会公布化妆品、化妆品新原料注册和备案管理有关信息，供社会公众查询。

第十条 国家药品监督管理局加强信息化建设，为注册人、备案人提供便利化服务。

化妆品、化妆品新原料注册人、备案人按照规定通过化妆品、化妆品新原料注册备案信息服务平台（以下简称信息服务平台）申请注册、进行备案。

国家药品监督管理局制定已使用的化妆品原料目录，及时更新并向社会公开，方便企业查询。

第十一条 药品监督管理部门可以建立专家咨询机制，就技术审评、现场核查、监督检查等过程中的重要问题听取专家意见，发挥专家的技术支撑作用。

第二章 化妆品新原料注册和备案管理

第一节 化妆品新原料注册和备案

第十二条 在我国境内首次使用于化妆品的天然或者人工原料为化妆品新原料。

调整已使用的化妆品原料的使用目的、安全使用量等的，应当按照新原料注册、备案要求申请注册、进行备案。

第十三条 申请注册具有防腐、防晒、着色、染发、祛斑美白功能的化妆品新原料，应当按照国家药品监督管理局要求提交申请资料。受理机构应当自收到申请之日起5个工作日内完成对申请资料的形式审查，并根据下列情况分别作出处理：

（一）申请事项依法不需要取得注册的，作出不予受理的决定，出具不予受理通知书；

（二）申请事项依法不属于国家药品监督管理局职权范围的，应当作出不予受理的决定，出具不予受理通知书，并告知申请人向有关行政机关申请；

（三）申请资料不齐全或者不符合规定形式的，出具补正通知书，一次告知申请人需要补正的全部内容，逾期未告知的，自收到申请资料之日起即为受理；

（四）申请资料齐全、符合规定形式要求的，或者申请人按照要求提交全部补正材料的，应当受理注册申请并出具受理通知书。

受理机构应当自受理注册申请后 3 个工作日内，将申请资料转交技术审评机构。

第十四条 技术审评机构应当自收到申请资料之日起 90 个工作日内，按照技术审评的要求组织开展技术审评，并根据下列情况分别作出处理：

（一）申请资料真实完整，能够证明原料安全性和质量可控性，符合法律、行政法规、强制性国家标准和技术规范要求的，技术审评机构应当作出技术审评通过的审评结论；

（二）申请资料不真实，不能证明原料安全性、质量可控性，不符合法律、行政法规、强制性国家标准和技术规范要求的，技术审评机构应当作出技术审评不通过的审评结论；

（三）需要申请人补充资料的，应当一次告知需要补充的全部内容；申请人应当在 90 个工作日内按照要求一次提供补充资料，技术审评机构收到补充资料后审评时限重新计算；未在规定时限内补充资料的，技术审评机构应当作出技术审评不通过的审评结论。

第十五条 技术审评结论为审评不通过的，技术审评机构应当告知申请人并说明理由。申请人有异议的，可以自收到技术审评结论之日起 20 个工作日内申请复核。复核的内容仅限于原申请事项以及申请资料。

技术审评机构应当自收到复核申请之日起 30 个工作日内作出复

核结论。

第十六条 国家药品监督管理局应当自收到技术审评结论之日起20个工作日内，对技术审评程序和结论的合法性、规范性以及完整性进行审查，并作出是否准予注册的决定。

受理机构应当自国家药品监督管理局作出行政审批决定之日起10个工作日内，向申请人发出化妆品新原料注册证或者不予注册决定书。

第十七条 技术审评机构作出技术审评结论前，申请人可以提出撤回注册申请。技术审评过程中，发现涉嫌提供虚假资料或者化妆品新原料存在安全性问题的，技术审评机构应当依法处理，申请人不得撤回注册申请。

第十八条 化妆品新原料备案人按照国家药品监督管理局的要求提交资料后即完成备案。

第二节 安全监测与报告

第十九条 已经取得注册、完成备案的化妆品新原料实行安全监测制度。安全监测的期限为3年，自首次使用化妆品新原料的化妆品取得注册或者完成备案之日起算。

第二十条 安全监测的期限内，化妆品新原料注册人、备案人可以使用该化妆品新原料生产化妆品。

化妆品注册人、备案人使用化妆品新原料生产化妆品的，相关化妆品申请注册、办理备案时应当通过信息服务平台经化妆品新原料注册人、备案人关联确认。

第二十一条 化妆品新原料注册人、备案人应当建立化妆品新原料上市后的安全风险监测和评价体系，对化妆品新原料的安全性进行追踪研究，对化妆品新原料的使用和安全情况进行持续监测和评价。

化妆品新原料注册人、备案人应当在化妆品新原料安全监测每满一年前30个工作日内，汇总、分析化妆品新原料使用和安全情况，形成年度报告报送国家药品监督管理局。

第二十二条 发现下列情况的，化妆品新原料注册人、备案人应当立即开展研究，并向技术审评机构报告：

（一）其他国家（地区）发现疑似因使用同类原料引起严重化妆品不良反应或者群体不良反应事件的；

（二）其他国家（地区）化妆品法律、法规、标准对同类原料提高使用标准、增加使用限制或者禁止使用的；

（三）其他与化妆品新原料安全有关的情况。

有证据表明化妆品新原料存在安全问题的，化妆品新原料注册人、备案人应当立即采取措施控制风险，并向技术审评机构报告。

第二十三条 使用化妆品新原料生产化妆品的化妆品注册人、备案人，应当及时向化妆品新原料注册人、备案人反馈化妆品新原料的使用和安全情况。

出现可能与化妆品新原料相关的化妆品不良反应或者安全问题时，化妆品注册人、备案人应当立即采取措施控制风险，通知化妆品新原料注册人、备案人，并按照规定向所在地省、自治区、直辖市药品监督管理部门报告。

第二十四条 省、自治区、直辖市药品监督管理部门收到使用了化妆品新原料的化妆品不良反应或者安全问题报告后，应当组织开展研判分析，认为化妆品新原料可能存在造成人体伤害或者危害人体健康等安全风险的，应当按照有关规定采取措施控制风险，并立即反馈技术审评机构。

第二十五条 技术审评机构收到省、自治区、直辖市药品监督管理部门或者化妆品新原料注册人、备案人的反馈或者报告后，应当结合不良反应监测机构的化妆品年度不良反应统计分析结果进行评估，认为通过调整化妆品新原料技术要求能够消除安全风险的，可以提出调整意见并报告国家药品监督管理局；认为存在安全性问题的，应当报请国家药品监督管理局撤销注册或者取消备案。国家药品监督管理局应当及时作出决定。

第二十六条 化妆品新原料安全监测期满 3 年后，技术审评机构应当向国家药品监督管理局提出化妆品新原料是否符合安全性要求的意见。

对存在安全问题的化妆品新原料，由国家药品监督管理局撤销注册或者取消备案；未发生安全问题的，由国家药品监督管理局纳入已使用的化妆品原料目录。

第二十七条 安全监测期内化妆品新原料被责令暂停使用的，化妆品注册人、备案人应当同时暂停生产、经营使用该化妆品新原料的化妆品。

第三章 化妆品注册和备案管理

第一节 一般要求

第二十八条 化妆品注册申请人、备案人应当具备下列条件：

（一）是依法设立的企业或者其他组织；

（二）有与申请注册、进行备案化妆品相适应的质量管理体系；

（三）有不良反应监测与评价的能力。

注册申请人首次申请特殊化妆品注册或者备案人首次进行普通化妆品备案的，应当提交其符合前款规定要求的证明资料。

第二十九条 化妆品注册人、备案人应当依照法律、行政法规、强制性国家标准、技术规范和注册备案管理等规定，开展化妆品研制、安全评估、注册备案检验等工作，并按照化妆品注册备案资料规范要求提交注册备案资料。

第三十条 化妆品注册人、备案人应当选择符合法律、行政法规、强制性国家标准和技术规范要求的原料用于化妆品生产，对其使用的化妆品原料安全性负责。化妆品注册人、备案人申请注册、进行备案时，应当通过信息服务平台明确原料来源和原料安全相关信息。

第三十一条　化妆品注册人、备案人委托生产化妆品的，国产化妆品应当在申请注册或者进行备案时，经化妆品生产企业通过信息服务平台关联确认委托生产关系；进口化妆品由化妆品注册人、备案人提交存在委托关系的相关材料。

第三十二条　化妆品注册人、备案人应当明确产品执行的标准，并在申请注册或者进行备案时提交药品监督管理部门。

第三十三条　化妆品注册申请人、备案人应当委托取得资质认定、满足化妆品注册和备案检验工作需要的检验机构，按照强制性国家标准、技术规范和注册备案检验规定的要求进行检验。

第二节　备 案 管 理

第三十四条　普通化妆品上市或者进口前，备案人按照国家药品监督管理局的要求通过信息服务平台提交备案资料后即完成备案。

第三十五条　已经备案的进口普通化妆品拟在境内责任人所在省、自治区、直辖市行政区域以外的口岸进口的，应当通过信息服务平台补充填报进口口岸以及办理通关手续的联系人信息。

第三十六条　已经备案的普通化妆品，无正当理由不得随意改变产品名称；没有充分的科学依据，不得随意改变功效宣称。

已经备案的普通化妆品不得随意改变产品配方，但因原料来源改变等原因导致产品配方发生微小变化的情况除外。

备案人、境内责任人地址变化导致备案管理部门改变的，备案人应当重新进行备案。

第三十七条　普通化妆品的备案人应当每年向承担备案管理工作的药品监督管理部门报告生产、进口情况，以及符合法律法规、强制性国家标准、技术规范的情况。

已经备案的产品不再生产或者进口的，备案人应当及时报告承担备案管理工作的药品监督管理部门取消备案。

第三节　注 册 管 理

第三十八条　特殊化妆品生产或者进口前，注册申请人应当按照国家药品监督管理局的要求提交申请资料。

特殊化妆品注册程序和时限未作规定的，适用本办法关于化妆品新原料注册的规定。

第三十九条　技术审评机构应当自收到申请资料之日起 90 个工作日内，按照技术审评的要求组织开展技术审评，并根据下列情况分别作出处理：

（一）申请资料真实完整，能够证明产品安全性和质量可控性、产品配方和产品执行的标准合理，且符合现行法律、行政法规、强制性国家标准和技术规范要求的，作出技术审评通过的审评结论；

（二）申请资料不真实，不能证明产品安全性和质量可控性、产品配方和产品执行的标准不合理，或者不符合现行法律、行政法规、强制性国家标准和技术规范要求的，作出技术审评不通过的审评结论；

（三）需要申请人补充资料的，应当一次告知需要补充的全部内容；申请人应当在 90 个工作日内按照要求一次提供补充资料，技术审评机构收到补充资料后审评时限重新计算；未在规定时限内补充资料的，技术审评机构应当作出技术审评不通过的审评结论。

第四十条　国家药品监督管理局应当自收到技术审评结论之日起 20 个工作日内，对技术审评程序和结论的合法性、规范性以及完整性进行审查，并作出是否准予注册的决定。

受理机构应当自国家药品监督管理局作出行政审批决定之日起 10 个工作日内，向申请人发出化妆品注册证或者不予注册决定书。化妆品注册证有效期 5 年。

第四十一条　已经注册的特殊化妆品的注册事项发生变化的，国家药品监督管理局根据变化事项对产品安全、功效的影响程度实施分类管理：

（一）不涉及安全性、功效宣称的事项发生变化的，注册人应当及时向国家药品监督管理局备案；

（二）涉及安全性的事项发生变化的，以及生产工艺、功效宣称等方面发生实质性变化的，注册人应当向国家药品监督管理局提出产品注册变更申请；

（三）产品名称、配方等发生变化，实质上构成新的产品的，注册人应当重新申请注册。

第四十二条 已经注册的产品不再生产或者进口的，注册人应当主动申请注销注册证。

第四节 注册证延续

第四十三条 特殊化妆品注册证有效期届满需要延续的，注册人应当在产品注册证有效期届满前 90 个工作日至 30 个工作日期间提出延续注册申请，并承诺符合强制性国家标准、技术规范的要求。注册人应当对提交资料和作出承诺的真实性、合法性负责。

逾期未提出延续注册申请的，不再受理其延续注册申请。

第四十四条 受理机构应当在收到延续注册申请后 5 个工作日内对申请资料进行形式审查，符合要求的予以受理，并自受理之日起 10 个工作日内向申请人发出新的注册证。注册证有效期自原注册证有效期届满之日的次日起重新计算。

第四十五条 药品监督管理部门应当对已延续注册的特殊化妆品的申报资料和承诺进行监督，经监督检查或者技术审评发现存在不符合强制性国家标准、技术规范情形的，应当依法撤销特殊化妆品注册证。

第四章 监督管理

第四十六条 药品监督管理部门依照法律法规规定，对注册人、备案人的注册、备案相关活动进行监督检查，必要时可以对注册、备案活动涉及的单位进行延伸检查，有关单位和个人应当予以配合，不得拒绝检查和隐瞒有关情况。

第四十七条 技术审评机构在注册技术审评过程中，可以根据需要通知审核查验机构开展现场核查。境内现场核查应当在45个工作日内完成，境外现场核查应当按照境外核查相关规定执行。现场核查所用时间不计算在审评时限之内。

注册申请人应当配合现场核查工作，需要抽样检验的，应当按照要求提供样品。

第四十八条 特殊化妆品取得注册证后，注册人应当在产品投放市场前，将上市销售的产品标签图片上传至信息服务平台，供社会公众查询。

第四十九条 化妆品注册证不得转让。因企业合并、分立等法定事由导致原注册人主体资格注销，将注册人变更为新设立的企业或者其他组织的，应当按照本办法的规定申请变更注册。

变更后的注册人应当符合本办法关于注册人的规定，并对已经上市的产品承担质量安全责任。

第五十条 根据科学研究的发展，对化妆品、化妆品原料的安全性认识发生改变的，或者有证据表明化妆品、化妆品原料可能存在缺陷的，承担注册、备案管理工作的药品监督管理部门可以责令化妆品、化妆品新原料注册人、备案人开展安全再评估，或者直接组织相关原料企业和化妆品企业开展安全再评估。

再评估结果表明化妆品、化妆品原料不能保证安全的，由原注册部门撤销注册、备案部门取消备案，由国务院药品监督管理部门将该化妆品原料纳入禁止用于化妆品生产的原料目录，并向社会公布。

第五十一条 根据科学研究的发展、化妆品安全风险监测和评价等，发现化妆品原料存在安全风险，能够通过设定原料的使用范围和条件消除安全风险的，应当在已使用的化妆品原料目录中明确原料限制使用的范围和条件。

第五十二条 承担注册、备案管理工作的药品监督管理部门通过注册、备案信息无法与注册人、备案人或者境内责任人取得联系的，可以在信息服务平台将注册人、备案人、境内责任人列为重点监管对象，并通过信息服务平台予以公告。

第五十三条 药品监督管理部门根据备案人、境内责任人、化妆品生产企业的质量管理体系运行、备案后监督、产品上市后的监督检查情况等，实施风险分类分级管理。

第五十四条 药品监督管理部门、技术审评、现场核查、检验机构及其工作人员应当严格遵守法律、法规、规章和国家药品监督管理局的相关规定，保证相关工作科学、客观和公正。

第五十五条 未经注册人、备案人同意，药品监督管理部门、专业技术机构及其工作人员、参与审评的人员不得披露注册人、备案人提交的商业秘密、未披露信息或者保密商务信息，法律另有规定或者涉及国家安全、重大社会公共利益的除外。

第五章 法律责任

第五十六条 化妆品、化妆品新原料注册人未按照本办法规定申请特殊化妆品、化妆品新原料变更注册的，由原发证的药品监督管理部门责令改正，给予警告，处1万元以上3万元以下罚款。

化妆品、化妆品新原料备案人未按照本办法规定更新普通化妆品、化妆品新原料备案信息的，由承担备案管理工作的药品监督管理部门责令改正，给予警告，处5000元以上3万元以下罚款。

化妆品、化妆品新原料注册人未按照本办法的规定重新注册的，依照化妆品监督管理条例第五十九条的规定给予处罚；化妆品、化妆品新原料备案人未按照本办法的规定重新备案的，依照化妆品监督管理条例第六十一条第一款的规定给予处罚。

第五十七条 化妆品新原料注册人、备案人违反本办法第二十一条规定的，由省、自治区、直辖市药品监督管理部门责令改正；拒不改正的，处5000元以上3万元以下罚款。

第五十八条 承担备案管理工作的药品监督管理部门发现已备案化妆品、化妆品新原料的备案资料不符合要求的，应当责令限期改正，其中，与化妆品、化妆品新原料安全性有关的备案资料不符合要求的，可以同时责令暂停销售、使用。

已进行备案但备案信息尚未向社会公布的化妆品、化妆品新原料，承担备案管理工作的药品监督管理部门发现备案资料不符合要求的，可以责令备案人改正并在符合要求后向社会公布备案信息。

第五十九条 备案人存在以下情形的，承担备案管理工作的药品监督管理部门应当取消化妆品、化妆品新原料备案：

（一）备案时提交虚假资料的；

（二）已经备案的资料不符合要求，未按要求在规定期限内改正的，或者未按要求暂停化妆品、化妆品新原料销售、使用的；

（三）不属于化妆品新原料或者化妆品备案范围的。

第六章 附 则

第六十条 注册受理通知、技术审评意见告知、注册证书发放和备案信息发布、注册复核、化妆品新原料使用情况报告提交等所涉及时限以通过信息服务平台提交或者发出的时间为准。

第六十一条 化妆品最后一道接触内容物的工序在境内完成的为国产产品，在境外完成的为进口产品，在中国台湾、香港和澳门地区完成的参照进口产品管理。

以一个产品名称申请注册或者进行备案的配合使用产品或者组合包装产品，任何一剂的最后一道接触内容物的工序在境外完成的，按照进口产品管理。

第六十二条 化妆品、化妆品新原料取得注册或者进行备案后，按照下列规则进行编号。

（一）化妆品新原料备案编号规则：国妆原备字+四位年份数+本年度备案化妆品新原料顺序数。

（二）化妆品新原料注册编号规则：国妆原注字+四位年份数+本年度注册化妆品新原料顺序数。

（三）普通化妆品备案编号规则：

国产产品：省、自治区、直辖市简称+G妆网备字+四位年份数+本年度行政区域内备案产品顺序数；

进口产品：国妆网备进字（境内责任人所在省、自治区、直辖市简称）+四位年份数+本年度全国备案产品顺序数；

中国台湾、香港、澳门产品：国妆网备制字（境内责任人所在省、自治区、直辖市简称）+四位年份数+本年度全国备案产品顺序数。

（四）特殊化妆品注册编号规则：

国产产品：国妆特字+四位年份数+本年度注册产品顺序数；

进口产品：国妆特进字+四位年份数+本年度注册产品顺序数；

中国台湾、香港、澳门产品：国妆特制字+四位年份数+本年度注册产品顺序数。

第六十三条 本办法自2021年5月1日起施行。

化妆品注册备案资料管理规定

（2021年2月26日国家药监局公告2021年第32号公布 自2021年5月1日起施行）

第一章 总 则

第一条 为规范化妆品注册备案管理工作，保证化妆品注册、备案各项资料的规范提交，依据《化妆品监督管理条例》《化妆品注册备案管理办法》等有关法律法规要求，制定本管理规定。

第二条 在中华人民共和国境内申请化妆品注册或办理备案时，应当按照本管理规定的要求提交资料。

第三条 化妆品注册人、备案人应当遵循风险管理的原则，以科学研究为基础，对提交的注册备案资料的合法性、真实性、准确性、完整性和可追溯性负责，并且承担相应的法律责任。境外化妆品注册人、备案人应当对境内责任人的注册备案工作进行监督。

第四条 化妆品注册备案资料应当使用国家公布的规范汉字。除注册商标、网址、专利名称、境外企业的名称和地址等必须使用其他文字的，或约定俗成的专业术语（如 SPF、PFA、PA、UVA、UVB、维生素 C 等），所有其他文字均应完整、规范地翻译为中文，并将原文附在相应的译文之后。

第五条 化妆品注册备案资料应当符合国家有关用章规定，签章齐全，具有法律效力。境外企业及其他组织不使用公章的，应当由法定代表人或者企业（其他组织）负责人签字。除用户信息相关资料外，产品的注册备案资料中如需境外化妆品注册人、备案人签章的，其法定代表人或者负责人可授权该注册人、备案人或者境内责任人的签字人签字。授权委托签字的，应当提交授权委托书原件及其公证书原件，授权委托书中应当写明授权签字的事项和范围。

除政府主管部门或者有关机构、注册和备案检验机构、公证机关等出具的资料原件外，化妆品注册备案资料均应由境内注册人、备案人或者境内责任人逐页加盖公章。使用带有电子加密证书的公章的，可直接在电子资料上加盖电子公章。

第六条 化妆品注册备案资料中应当使用我国法定计量单位，使用其他计量单位时，应当折算为我国法定计量单位；应当准确引用参考文献，标明出处，确保有效溯源；应当规范使用标点符号、图表、术语等，保证资料内容准确规范。

第七条 化妆品注册备案资料中，出现的同项内容应当保持前后一致；有相关证明文件的，应当与证明文件中所载内容一致。

第八条　化妆品注册备案的文本资料中主体文字颜色应当为黑色，内容易于辨认，设置合适的行间距和页面边距，确保在打印或者装订中不丢失文本信息。

第九条　化妆品注册备案的纸质资料应当使用国际标准 A4 型规格纸张，内容完整清晰、不得涂改。化妆品的包装展开图片等确需更大尺寸纸张的，可使用其他规格纸张，确保妥善置于 A4 规格资料内。纸质文件资料的载体和书写材料应当符合耐久性的要求。

第二章　用户信息相关资料要求

第一节　资料项目及要求

第十条　首次申请特殊化妆品注册或者办理普通化妆品备案时，境内的注册申请人、备案人和境内责任人应当提交以下用户信息相关资料：

（一）注册人备案人信息表（附 1）及质量安全负责人简历；

（二）注册人备案人质量管理体系概述（附 2）；

（三）注册人备案人不良反应监测和评价体系概述（附 3）；

（四）境外注册人、备案人应当提交境内责任人信息表（附 4）；

（五）境内责任人授权书原件（式样见附 5）及其公证书原件；

（六）注册人、备案人有自行生产或者委托境外生产企业生产的，应当提交生产企业信息表（附 6）和质量安全负责人信息，一次性填报已有生产企业及其信息。生产企业为境外的，应当提交境外生产规范证明资料原件。

第十一条　我国境内仅从事受托生产的企业，应当提交第十条第（六）项中的生产企业信息表，以便关联确认委托生产关系。

第十二条　具有境内注册人或者备案人、境内责任人、生产企业等多重身份的，或者同一境内责任人对应多个境外注册人、备案人的，可以一次性提交全部相关资料，取得相应的用户权限。已有用户可以根据情况补充提供相关资料，增加用户权限。

第十三条 质量安全负责人的简历应当包括与其要求相关的教育背景、工作经历以及其他内容。

第十四条 质量管理体系概述是对注册人、备案人质量管理控制能力和过程的总结描述，应当如实客观地反映实际情况，包括供应商遴选、原料验收、生产及质量控制、产品留样等管理制度。语言应当简明扼要，体现出质量控制关键点设置和日常执行管理要求。

注册人、备案人同时存在自行生产和委托生产的，应当分别提交相应版本的质量管理体系概述。

第十五条 不良反应监测和评价体系概述是对注册人、备案人和境内责任人不良反应监测评价能力和过程的总结描述，应当如实客观地反映实际情况。语言应当简明扼要，体现出不良反应监测关键点、各环节设置和日常执行管理要求。

第十六条 境内责任人授权书应当至少明确体现以下内容和信息：注册人、备案人和境内责任人名称，授权和被授权关系，授权范围，授权期限。同一产品不得授权多个境内责任人，境内责任人应当在授权范围内开展注册备案工作。

第十七条 境外生产企业应当提交生产企业符合质量管理体系或者生产质量管理规范的资质证书、文件等证明资料，证明资料应当由所在国（地区）政府主管部门、认证机构或者具有所在国（地区）认证认可资质的第三方出具或者认可，载明生产企业名称和实际生产地址信息。

无法提供证明资料原件的，应当提供由中国公证机关公证的或由我国使（领）馆确认的复印件。

第二节 用户信息和资料更新

第十八条 用户信息或者相关资料发生变化时，应当及时进行更新，确保注册备案信息服务平台中的用户信息和相关资料真实准确。

更新方式主要包括自行更新、一般审核更新、生产场地更新以及其他各具体规定情形的审核更新。属于审核更新的，经药品监督管理部门审核后，完成相关信息和资料的更新。

第十九条 用户权限相关资料中，可自行更新的内容包括法定代表人信息、质量安全负责人信息、联系信息。

以上信息发生变化时，用户应当及时自行更新。

第二十条 用户权限相关资料中，可进行一般审核更新的内容包括基本信息、质量管理体系概述、不良反应监测和评价体系概述、境内责任人的授权范围和授权期限。

一般审核更新时，应当提交一般审核更新信息表（附 7），同时一并提交符合要求的相关资料。其中，境外注册人、备案人名称发生变化的，应当提供由所在国（地区）政府主管部门或者有关机构出具的主体未发生变化的相关证明文件原件，无法提交原件的，应当提供由中国公证机关公证的或者由我国使（领）馆确认的复印件；境外生产企业生产场地仅地址文字改变的，应当提供由所在国（地区）政府主管部门或者有关机构出具的生产现场未改变的证明文件原件，无法提交原件的，应当提供由中国公证机关公证的或者由我国使（领）馆确认的复印件；境内责任人授权范围改变的，新授权范围应当包括原授权范围。

第二十一条 用户权限相关资料中，可进行生产场地更新的内容为生产企业的生产场地信息。具体情形包括：生产场地搬迁、生产场地增加、生产场地减少、仅生产规范证明文件更新。

进行生产场地更新时，应当提交生产场地更新信息表（附 8）。其中，境外生产企业的生产场地搬迁或者增加，或生产质量管理规范证明文件进行更新的，应当按要求提供境外生产质量管理规范证明相关资料。

第二十二条 根据实际生产经营情况，如需增加自行生产或者委托境外生产企业的，可提交相关资料增加生产企业信息，必要时还需补充提交相应的质量管理体系概述。

第二十三条 在进行用户信息更新时，企业应当首先对照用户名下全部信息自行检查。如有多个信息同时发生变化的，应同时更新，一并提交相关资料。

第二十四条 境内责任人授权书所载授权期限到期后，应当重新提交更新的授权书，延长授权期限。逾期未重新提交的，境内责任人将无法继续为对应的境外注册人、备案人办理新增的注册或者备案事项，名下已开展的注册或者备案事项可继续办理完毕。

境外生产质量管理规范证明资料有有效期限的，应当及时更新证明资料，最长不得超过有效期限截止后 90 日；无有效期限的，应当每五年提交最新版本。

第二十五条 根据实际生产经营情况，需对用户权限进行注销的，应当在相关产品全部完成注销或变更后，提交用户权限注销信息表（附 9），进行用户权限注销。

第三章 注册与备案资料要求

第二十六条 注册人、备案人办理注册或者备案时，应当提交以下资料：

（一）《化妆品注册备案信息表》及相关资料；

（二）产品名称信息；

（三）产品配方；

（四）产品执行的标准；

（五）产品标签样稿；

（六）产品检验报告；

（七）产品安全评估资料。

第二十七条 注册人、备案人应当逐项填写《化妆品注册备案信息表》（附10），并提交相关资料。

（一）产品名称包括中文名称和进口产品的外文名称，产品中文名称应当符合化妆品标签管理相关规定。

（二）注册人、备案人应当按照《化妆品监督管理条例》和化妆品分类规则与分类目录的规定，确定产品类别以及相应的产品分类编码，涉及特殊化妆品功效宣称的，应当按照特殊化妆品申报。

（三）委托境内企业生产的化妆品，注册人、备案人或者境内责任人应当选择已开通用户权限的生产企业进行关联，经生产企业确认后提交注册申请或者办理备案。

委托境外企业生产的化妆品，注册人、备案人或者境内责任人应当提交委托关系文件。委托关系文件应当至少载明产品名称、委托方、受托生产企业名称、生产地址、本产品接受委托的日期、受托生产企业法人或者法人授权人的签章。注册人、备案人与受托生产企业属于同一集团公司的，可提交属于同一集团公司的证明资料以及企业集团出具的产品质量保证文件以确认委托关系。

（四）进口产品应当提供由化妆品注册人、备案人所在国或生产国（地区）政府主管部门或者行业协会等机构出具的已上市销售证明文件，境内注册人、备案人委托境外生产企业生产的和产品配方专为中国市场设计的除外。已上市销售证明文件应当至少载明注册人、备案人或者生产企业的名称、产品名称、出具文件的机构名称以及文件出具日期，并由机构签章确认。

1. 组合包装产品同时存在进口部分和国产部分的，仅提交进口部分的已上市销售证明文件。

2. 专为中国市场设计销售包装的，应当提交该产品在化妆品注册人、备案人所在国或生产国（地区）的已上市销售证明文件，同时提交产品配方、生产工艺与化妆品注册人、备案人所在国或者生产国（地区）产品一致的说明资料。

（五）产品配方专为中国市场设计的进口产品（境内委托境外生产的除外），应当提交以下资料：

1. 针对中国消费者的肤质类型、消费需求等进行配方设计的说明资料；

2. 在中国境内选用中国消费者开展消费者测试研究或者人体功效试验资料。

（六）进口产品的已上市销售证明文件、委托关系文件或者属于一个集团公司的证明资料等文件可同时列明多个产品。这些产品申请注册或者办理备案时，其中一个产品可使用原件，其他产品可使用复印件，并说明原件所在的产品名称以及相关受理编号、注册证号或者备案编号等信息。

第二十八条 注册人、备案人应当提交产品名称命名依据，产品名称命名依据中应当指明商标名、通用名、属性名，并分别说明其具体含义。进口产品应当对外文名称和中文名称分别进行说明，并说明中文名称与外文名称的对应关系（专为中国市场设计无外文名称的除外）。

产品中文名称中商标名使用字母、汉语拼音、数字、符号等的，应当提供商标注册证。

第二十九条 产品配方为生产投料配方，应当符合以下要求：

（一）配方表要求。产品配方表应当包括原料序号、原料名称、百分含量、使用目的等内容（附 11）。

1. 原料名称。产品配方应当提供全部原料的名称，原料名称包括标准中文名称、国际化妆品原料名称（简称 INCI 名称）或者英文名称。配方成分的原料名称应当使用已使用的化妆品原料目录中载明的标准中文名称、INCI 名称或者英文名称；配方中含有尚在安全监测中化妆品新原料的，应当使用已注册或者备案的原料名称；进口产品原包装标注成分的 INCI 名称与配方成分名称不一致的，应当予以说明。

使用来源于石油、煤焦油的碳氢化合物（单一组分除外）的，应当在产品配方表备注栏中标明相关原料的化学文摘索引号（简称 CAS 号）；使用着色剂的，应当在产品配方原料名称栏中标明《化妆品安全技术规范》载明的着色剂索引号（简称 CI 号），无 CI 号的除外；使用着色剂为色淀的，应当在着色剂后标注“（色淀）”，并在配方备注栏中说明所用色淀的种类；含有与产品内容物直接接触的推进剂的，应当在配方备注栏中标明推进剂的种类、添加量等；使用纳米原料的，应当在此类成分名称后标注“（纳米级）”。

2. 百分含量。产品配方应当提供全部原料的含量，含量以质量百分比计，全部原料应当按含量递减顺序排列；含两种或者两种以上成分的原料（香精除外）应当列明组成成分及相应含量。

3. 使用目的。应当根据原料在产品中的实际作用标注主要使用目的；申请祛斑美白、防晒、染发、烫发、防脱发的产品，应当在配方表使用目的栏中标注相应的功效成分，如果功效原料不是单一成分的，应当在配方表使用目的栏中明确其具体的功效成分。

4. 备注栏。以下情形应当在备注栏中说明：使用变性乙醇的，应当说明变性剂的名称及用量；使用类别原料的，应当说明具体的原料名称；直接来源于植物的，应当说明原植物的具体使用部位。

（二）注册人、备案人或者境内责任人应当填写产品所使用原料的生产商信息并上传由原料生产商出具的原料安全信息文件。原料生产商已根据《化妆品原料安全相关信息报送指南》（附 12 以及附 13）报送原料安全相关信息（附 14）的，注册人、备案人或者境内责任人可填写原料报送码关联原料安全信息文件。

（三）使用了尚在安全监测中化妆品新原料的，注册人、备案人或者境内责任人应当经新原料注册人、备案人确认后，方可提交注册申请或者办理备案。

（四）产品配方香精可按两种方式填写，分别提交以下资料：

1. 产品配方表中仅填写“香精”原料的，无须提交香精中具体香料组分的种类和含量；产品标签标识香精中的具体香料组分的，以及进口产品原包装标签标识含具体香料组分的，应当在配方表备注栏中说明。

2. 产品配方表中同时填写“香精”及香精中的具体香料组分

的，应当提交香精原料生产商出具的关于该香精所含全部香料组分种类及含量的资料。

（五）使用贴、膜类载体材料的，应当在备注栏内注明主要载体材料的材质组成，同时提供其来源、制备工艺、质量控制指标等资料。

（六）产品配方中使用动物脏器组织及血液制品提取物作为原料的，应当提供其来源、组成以及制备工艺，并提供原料生产国允许使用的相关文件。

第三十条 产品执行的标准包括全成分、生产工艺简述、感官指标、微生物和理化指标及其质量控制措施、使用方法、贮存条件、使用期限等内容，应当符合国家有关法律法规、强制性国家标准和技术规范的要求（式样及编制说明见附 15，样例见附 16）。

（一）产品名称。包括中文名称和进口产品的外文名称。

（二）全成分。包括生产该产品所使用的全部原料的序号、原料名称和使用目的，所有原料应当按含量递减顺序排列。

（三）生产工艺简述。

1. 应当简要描述实际生产过程的主要步骤，包括投料、混合、灌装等。配方表 2 个以上原料的预混合、灌装等生产步骤在不同生产企业配合完成的，应当予以注明。

2. 应当体现主要生产工艺参数范围，全部原料应当在生产步骤中明确列出，所用原料名称或者序号应当与产品配方中所列原料一致；若同一原料在不同步骤阶段中使用，应当予以区分；若生产过程中需使用但在后续生产步骤中去除的水、挥发性溶剂等助剂，应当予以注明。

（四）感官指标。应当分别描述产品内容物的颜色、性状、气味等指标。套装产品应当分别说明各部分的感官指标，使用贴、膜类载体材料的产品应当分别描述贴、膜类材料以及浸液的颜色、性状等。

1. 颜色是指产品内容物的客观色泽。同一产品具有可区分的多种颜色，应当逐一描述；难以区分颜色的，可描述产品目视呈现或者使用时的主要色泽，也可描述颜色范围。

2. 性状是指产品内容物的形态。

3. 气味是指产品内容物是否有气味。

（五）微生物和理化指标及质量控制措施。

1. 应当提交对产品实际控制的微生物和理化指标，微生物和理化指标应当符合《化妆品安全技术规范》《化妆品注册和备案检验工作规范》的要求。

2. 应当根据产品实际控制的微生物和理化指标提交相应的质量控制措施。

3. 采用检验方式作为质量控制措施的，应当注明检验频次，所用方法与《化妆品安全技术规范》所载方法完全一致的，应当填写《化妆品安全技术规范》的检验方法名称；与《化妆品安全技术规范》所载方法不一致的，应当填写检验方法名称，说明该方法是否与《化妆品安全技术规范》所载方法开展过验证，完整的检验方法和方法验证资料留档备查。

4. 采用非检验方式作为质量控制措施的，应当明确具体的实施方案，对质量控制措施的合理性进行说明，以确保产品符合《化妆品安全技术规范》要求。

（六）使用方法。应当阐述化妆品的使用方法，对使用人群和使用部位有特殊要求的，应当予以说明；安全警示用语应当符合化妆品标签管理规定和《化妆品安全技术规范》等相关法规的要求。

（七）贮存条件。应当根据产品包装及产品自身稳定性等特点设定产品贮存条件。

（八）使用期限。应当根据产品包装、产品自身稳定性或者相关实验结果，设定产品的使用期限。

第三十一条 注册人、备案人或者境内责任人应当逐项填写《产品标签样稿》（附 17），填写的使用方法、安全警示用语、贮存条件、使用期限等内容应当符合产品执行的标准。

进口化妆品应当提交生产国（地区）产品的销售包装（含说明书），以及外文标签的中文翻译件。

第三十二条 普通化妆品办理备案时、特殊化妆品上市前，注册人、备案人或者境内责任人应当上传产品销售包装的标签图片，图片应当符合以下要求：

（一）图片包括全部包装可视面的平面图和可体现产品外观的立体展示图，图片应当完整、清晰。平面图应当容易辨别所有标注内容；无法清晰显示所有标注内容的，还应当提交局部放大图或者产品包装设计图；

（二）使用电子标签的，应当提交电子标签内容，销售包装上的图码应当是注册备案信息服务平台生成的预置图码；

（三）上传图片的标签内容和说明书内容不得超出产品标签样稿载明的内容；

（四）存在多种销售包装的，应当提交所有的销售包装的标签图片。符合以下一种或多种情形的，提交其中一种销售包装的标签图片，其他销售包装的标签图片可不重复上传：

1. 仅净含量规格不同的；

2. 仅在已上传销售包装上附加标注销售渠道、促销、节日专款、赠品等信息的；

3. 仅销售包装颜色存在差异的；

4. 已注册或者备案产品以套盒、礼盒等形式组合销售，组合过程不接触产品内容物，除增加组合包装产品名称外，其他标注的内容未超出每个产品标签内容的；

5. 通过文字描述能够清楚反映与已上传销售包装差异，并已备注说明的。

第三十三条 注册或者备案产品的产品检验报告，由化妆品注册和备案检验机构出具，应当符合《化妆品安全技术规范》《化妆品注册和备案检验工作规范》等相关法规的规定。

（一）产品检验报告包括微生物与理化检验、毒理学试验、人体安全性试验报告和人体功效试验报告等。

1. 产品检验报告的受检样品应当为同一产品名称、同一批号的产品。

2. 产品检验报告中载明的产品信息应当与注册或者备案产品相关信息保持一致。由于更名等原因，导致检验报告中产品名称、企业名称等不影响检验结果的信息与注册备案信息不一致的，应当予以说明，并提交检验报告变更申请表和检验检测机构出具的补充检验报告或者更正函。

3. 多个生产企业生产同一产品的，应当提供其中一个生产企业样品完整的产品检验报告，并提交其他生产企业样品的微生物与理化检验报告。

4. 多色号系列普通化妆品按《化妆品注册和备案检验工作规范》抽样进行毒理学试验的，可作为一组产品进行备案，每个产品均应附上系列产品的名单、基础配方和着色剂一览表以及抽检产品名单。

5. 宣称新功效的化妆品，按照《化妆品注册和备案检验工作规范》以及相关技术法规文件开展检验。

（二）普通化妆品的生产企业已取得所在国（地区）政府主管部门出具的生产质量管理体系相关资质认证，且产品安全风险评估结果能够充分确认产品安全性的，可免于提交该产品的毒理学试验报告，有下列情形的除外：

1. 产品宣称婴幼儿和儿童使用的；

2. 产品使用尚在安全监测中化妆品新原料的；

3. 根据量化分级评分结果，备案人、境内责任人、生产企业被列为重点监管对象的。

有多个生产企业生产的，所有生产企业均已取得所在国（地区）政府主管部门出具的生产质量管理体系相关资质认证的，方可免于提交毒理学试验报告。

（三）申请特殊化妆品注册时应当提交符合化妆品功效宣称评价

相关规定的人体功效试验报告。

1. 特殊化妆品宣称的功效试验报告应当由化妆品注册和备案检验机构出具。

2. 多色号系列防晒化妆品按《化妆品注册和备案检验工作规范》抽样进行人体功效试验的，可作为一组产品同时申请注册，每个产品资料中均应附上系列产品的名单、基础配方和着色剂一览表以及抽检产品名单。

第三十四条 注册人、备案人应当按照化妆品安全评估相关技术指南的要求开展产品安全评估，形成产品安全评估报告。

必须配合仪器或者工具（仅辅助涂擦的毛刷、气垫、烫发工具等除外）使用的化妆品，应当评估配合仪器或者工具使用条件下的安全性；并应当提供在产品使用过程中仪器或者工具是否具有化妆品功能，是否参与化妆品的再生产过程，是否改变产品与皮肤的作用机理等情况的说明资料。

第三十五条 包含两个或者两个以上必须配合使用或者包装容器不可拆分的独立配方的化妆品，应当分别填写配方，按一个产品申请注册或者办理备案。

其中一个（剂）或者多个（剂）产品为特殊化妆品的，应当按照特殊化妆品申请注册；其中一个（剂）或者多个（剂）产品在境外生产的，应当按照进口化妆品申请注册或者办理备案。

第三十六条 化妆品注册人备案人应当留存每一批生产的化妆品样品备查，留存样品数量应当能够满足开展注册备案检验所需。同时，特殊化妆品应当留存由首家注册和备案检验机构封样的 1 件样品；进口特殊化妆品在产品注册检验时提交试制样品的，应当同时留存经检验机构封样的试制样品和未启封的市售产品各 1 件；普通化妆品应当由境内备案人或者境内责任人留存 1 件市售产品备查；专为中国市场设计销售包装的进口普通产品，应当由境内责任人留存 1 件原产国市售产品备查。

第三十七条 仅供出口的特殊化妆品和普通化妆品，应当在注册备案信息服务平台进行备案，由生产企业提交以下资料：

1. 产品名称；

2. 拟出口国家（地区）；

3. 产品标签图片，包括产品销售包装正面立体图、产品包装平面图和产品说明书（如有）。

第四章　变更事项要求

第三十八条　已注册产品的注册事项发生变更的，应当在拟变更产品生产或者进口前提交相应资料，完成相应的变更之后，方可生产或者进口。

已备案产品的备案事项发生变更的，应当在拟变更产品上市或者进口前提交相应资料，完成相应的变更之后，方可上市或者进口。

变更前已生产、上市或者进口的产品可以销售至保质期结束。

第三十九条　已注册或者备案产品的注册人、备案人、境内责任人或者生产企业的名称、住所等发生变化的（生产场地未改变），应当按照本管理规定第二章第二节相关要求完成信息更新后，对涉及的特殊化妆品注册证或者普通化妆品备案信息以及产品标签样稿的上述相关信息分别进行一次性变更。

第四十条　已注册或者备案产品的产品名称发生变化的，应当合理说明理由并提交以下资料：

（一）特殊化妆品变更申请表（附 18）或者普通化妆品变更信息表（附 19）；

（二）按照本管理规定第二十八条要求提交产品名称相关资料。

第四十一条　生产场地改变或者增加的，应当提交以下资料：

（一）特殊化妆品变更申请表或者普通化妆品变更信息表；

（二）拟变更场地生产产品的微生物和理化检验报告；

（三）拟变更备案产品仅通过产品安全评估方式评价产品安全，

且拟增加的生产企业不能提供其所在国（地区）政府主管部门出具的生产质量管理体系相关资质认证文件的，应当提交该产品的相关毒理学试验资料；

（四）拟变更产品委托生产关系发生改变的，国产产品应当按照本管理规定第二十七条（三）的要求，对变化的委托生产关系进行确认；进口产品应当提交委托关系文件或者属于同一集团公司的证明资料以及企业集团出具的产品质量保证文件。

第四十二条 已注册或者备案产品所使用原料的生产商、原料质量规格增加或者改变的，所使用的原料在配方中的含量以及原料中具体成分的种类、比例均未发生变化的，应当通过注册备案信息平台对原料生产商信息和原料安全信息进行更新维护。涉及产品安全评估资料发生变化的，还应当进行产品安全评估资料变更。

已注册或者备案产品所使用原料的生产商、原料质量规格增加或者改变的，原料在配方中的含量和原料中主要功能成分含量及溶剂未发生变化，为了保证原料质量而添加的微量稳定剂、抗氧化剂、防腐剂等成分发生种类或者含量变化的，应当提交以下资料：

（一）特殊化妆品变更申请表或者普通化妆品变更信息表；

（二）产品配方；

（三）发生变更的情况说明，包括变更的原因，变化的成分在原料中的使用目的等；

（四）拟变更产品的产品安全评估资料；

（五）涉及产品执行的标准发生变化的，应当提交拟变更产品执行的标准；

（六）拟变更事项涉及产品标签样稿中的全成分标注、安全警示用语等发生变化的，应当提交拟变更产品的产品标签样稿。

第四十三条 产品执行的标准中生产工艺简述、微生物和理化指标及质量控制措施、使用方法、安全警示用语、贮存条件、使用期限等发生变化的，应当提交以下资料：

（一）特殊化妆品变更申请表或者普通化妆品变更信息表；

（二）拟变更产品执行的标准；

（三）涉及生产工艺简述变化的，应当提交发生变更的情况说明，并提交拟变更产品的微生物和理化检验报告；

（四）涉及产品使用方法变更的，应当提交拟变更产品的产品安全评估资料；

（五）涉及产品使用期限延长的，应当提交拟变更产品的稳定性研究资料；

（六）涉及产品安全评估资料内容发生变化的，应当提交产品安全评估资料；

（七）涉及进口产品原销售包装和标签变化的，应当提交拟变更产品的原销售包装（含说明书）和外文标签的中文翻译件；

（八）涉及产品标签样稿变化的，还应当按照第四十四条要求进行产品标签样稿变更。

第四十四条 产品标签样稿内容发生变化的，应当提交以下资料：

（一）特殊化妆品变更申请表或者普通化妆品变更信息表；

（二）拟变更的产品标签样稿；

（三）防晒类化妆品增加 PA、广谱防晒或者浴后 SPF 等标识的，应当提交拟变更产品相应的功效试验报告；

（四）祛斑美白类化妆品增加祛斑或者美白功效宣称的，应当提交拟变更产品相应的人体功效试验报告；

（五）涉及进口产品原销售包装和标签变化的，应当提交拟变更产品的原销售包装（含说明书）和外文标签的中文翻译件。

第四十五条 产品安全评估资料内容发生变化的，应当提交以下资料：

（一）特殊化妆品变更申请表或者普通化妆品变更信息表；

（二）拟变更的产品安全评估资料；

（三）化妆品安全评估人员发生变化的，应当提交拟变更化妆品安全评估人员的相关信息。

第四十六条 产品分类发生变化的，应当提交以下资料：

（一）特殊化妆品变更申请表或者普通化妆品变更信息表；

（二）按照拟变更产品分类的要求补充或者更新资料；

（三）涉及已注册特殊化妆品拟增加染发、烫发、祛斑美白、防晒、防脱发功效或者新功效的，应当按照第三章的要求补充提交资料。

第四十七条 注册人因公司吸收合并、新设合并、分立等原因发生改变的，由新的境内注册人或者具有新的境外注册人相应用户权限的境内责任人提交以下资料，对涉及的特殊化妆品注册证进行一次性变更：

（一）公司合并注销、分立、成立全资子公司或者由同一集团内不同子公司运营的声明及相关文件；

（二）利益相关方（如原注册人，新注册人，境内责任人等）及其法定代表人对特殊化妆品注册证所有权归属无异议的声明及其公证文件原件。

第四十八条 变更境内责任人的，应当提交以下资料：

（一）拟变更境内责任人的产品清单；

（二）原境内责任人盖章同意更换境内责任人的知情同意书，或者能够证明境内责任人发生变更生效的判决文书；

（三）拟变更境内责任人承担产品（含变更前已上市的产品）原境内责任人相关各项责任的承诺书。

第四十九条 涉及其他事项变更的，应当提交拟变更事项的情况说明，并根据具体情况提交相关资料。

第五十条 已注册或者备案产品的销售包装发生变化的，按照第三十二条原则，在新销售包装产品上市前，重新上传产品销售包装的标签图片或者对拟变更部分予以备注说明。

第五十一条 已注册特殊化妆品完成变更之后，领取变更后纸质产品注册证时，应当交还原产品注册证。

第五章　延续、注销等事项要求

第五十二条　申请特殊化妆品注册证有效期延续的，应当提交以下资料：

（一）注册延续申请表（附 20）；

（二）产品自查情况说明（式样见附 21），主要内容包括：

1. 生产（进口）销售证明材料（限上一注册周期）；

2. 监督抽检、查处、召回情况（限上一注册周期）；

3. 该产品不良反应统计分析情况及采取措施；

4. 其他需要说明的内容。

（三）根据现行法规、标准调整情况，应当提交相应的产品检验报告。

第五十三条　普通化妆品年度报告应当包括以下内容：

（一）产品的生产、进口概况，以及期间产品的停产情况；

（二）产品符合法规、强制性国家标准、技术规范的自查情况。

第五十四条　申请补发产品注册证的，应当提交以下资料：

（一）补发申请表（附 22）；

（二）因产品注册证原件破损申请补发的，领取新产品注册证时，应当交还原产品注册证；

（三）因产品注册证遗失申请补发的，应当提交承诺书。

第五十五条　注册人申请撤回注册申请的，应当提交撤回申请表（附 23）。

第五十六条　注册人申请注销已注册特殊产品注册证的，应当提交注销申请表（附 24）。

第五十七条　已备案普通产品因备案人、境内责任人地址变化导致备案管理部门改变，备案人主动注销原备案信息后重新办理备案的，可使用原备案资料。

第五十八条 对于非安全性原因不予注册的特殊产品再次申请注册时，可使用原注册资料的复印件，同时提交不予注册未涉及安全性的说明，包括对不予注册原因的解释。

第五十九条 普通产品注销后再次备案时，应当提交情况说明。对于非安全性原因注销的，再次申请备案时可使用原备案资料的复印件。

第六章 附 则

第六十条 本管理规定自2021年5月1日起实施。

附：1. 注册人/备案人信息表（略）

2. 质量管理体系概述表（略）
3. 不良反应监测和评价体系概述表（略）
4. 境内责任人信息表（略）
5. 化妆品注册备案境内责任人授权书（略）
6. 生产企业信息表（略）
7. 一般审核更新信息表（略）
8. 生产场地审核更新信息表（略）
9. 用户权限注销信息表（略）
10. 化妆品注册备案信息表（略）
11. 配方表式样（略）
12. 化妆品原料安全信息报送指南（略）
13. 原料安全相关信息备案企业信息表（略）
14. 原料安全相关信息（略）
15. 产品执行的标准式样（略）
16. 产品执行的标准样例（略）
17. 化妆品产品标签样稿式样（略）
18. 特殊化妆品变更申请表（略）

19. 普通化妆品变更信息表（略）
20. 化妆品产品注册延续申请表（略）
21. 化妆品注册延续自查情况报告样例（略）
22. 化妆品注册补发申请表（略）
23. 化妆品注册撤回申请表（略）
24. 化妆品注册注销申请表（略）

化妆品新原料注册备案资料管理规定

（2021 年 2 月 26 日国家药监局公告 2021 年第 31 号公布　自 2021 年 5 月 1 日起施行）

第一条　为规范化妆品新原料注册和备案管理工作，保证化妆品质量安全，根据《化妆品监督管理条例》《化妆品注册备案管理办法》，制定本规定。

第二条　化妆品新原料注册人、备案人申请化妆品新原料注册或者进行备案时提交的资料，应当符合本规定要求。

第三条　化妆品新原料注册和备案资料应当以科学研究为基础，客观、准确地描述新原料的性状、特征和安全使用要求。

化妆品新原料注册人、备案人或境内责任人应当按要求提交化妆品新原料注册和备案资料，并对所提交资料的合法性、真实性、准确性、完整性和可追溯性负责。

第四条　化妆品新原料注册和备案资料应当使用国家公布的规范汉字。除注册商标、网址、专利名称、境外企业的名称和地址等必须使用的其他文字，以及我国法规文件中使用的英文缩写简称等外，所有使用其他文字的资料均应当完整、规范地翻译为中文，并将原文附在相应的译文之后。

第五条　化妆品新原料注册和备案资料的签章应当符合我国相

关法律法规规定，确保签章齐全，具有法律效力。境外企业及其他组织不使用公章的，应当由法定代表人或者授权签字人签字。授权委托签字的，应当提交授权委托书原件及其公证书原件，授权委托书中应当写明授权签字的事项和范围。

除政府主管部门或者有关机构、检验检测机构、公证机关等出具的资料原件外，注册和备案资料均应当由境内注册人、备案人或者境内责任人逐页加盖公章。用户使用带有电子加密证书公章的，可直接在电子资料上加盖电子公章。

第六条 化妆品新原料注册和备案资料应当使用我国法定计量单位，使用其他计量单位的，应当折算为我国法定计量单位；应当规范使用标点符号、图表、术语等；参考文献引用应当准确有效，标明出处，确保有效溯源。

第七条 化妆品新原料注册和备案资料中文本主体文字颜色应当为黑色，内容易于辨认，设置合适的行间距和页面边距，确保在打印或者装订中不丢失文本信息。

注册和备案纸质资料应当使用国际标准 A4 型规格纸张，内容完整清晰、不得涂改。纸质文件资料的载体和书写材料应当符合耐久性的要求。

第八条 化妆品新原料注册人、备案人或境内责任人应当按照规定，通过化妆品新原料注册备案信息服务平台（以下简称信息服务平台）申请注册或进行备案，信息服务平台中填写、上传的注册和备案资料电子版应当与纸质版保持一致。

第九条 化妆品新原料注册人、备案人在申报新原料注册或进行新原料备案前，应当通过信息服务平台，填报以下信息，进行用户信息登记：

（一）化妆品新原料注册人、备案人信息；

（二）化妆品新原料注册人、备案人安全风险监测和评价体系概述（样例见附 1）；

（三）化妆品新原料注册人、备案人为境外的，应当由境内责任人填报信息，同时提交境内责任人授权书及其公证书的原件。

同一境内企业同时具有化妆品新原料注册人、备案人或境内责任人等多重身份的，或经授权作为多个境外化妆品新原料注册人、备案人的境内责任人的，可一次性提交全部相关资料后取得相应的用户权限。已有用户可以根据实际情况补充提供相关资料，增加用户权限。

第十条 化妆品新原料注册人、备案人或境内责任人的以下信息资料发生变化时，应当进行更新，确保信息服务平台中的相关信息资料真实准确：

（一）化妆品新原料注册人、备案人或境内责任人的法定代表人、联系方式等信息发生变化时，用户应当在信息服务平台上及时自行更新；

（二）化妆品新原料注册人、备案人或境内责任人的其他基本信息、新原料安全风险监测和评价体系概述、境内责任人的授权范围和授权期限发生变化的，应当提交化妆品新原料注册人、备案人信息更新表（样例见附2），并按要求提交相关资料后完成相关信息资料的更新。

其中，境外注册人、备案人名称、地址发生变化的，应当提供由所在国（地区）政府主管部门或者有关机构出具的主体未发生变化的相关证明文件原件，无法提交原件的，应当提供由中国公证机关公证的或由我国使（领）馆确认的复印件；境内责任人名称、地址发生改变的，应当提供我国政府主管部门或者有关机构出具的主体未发生变化的相关证明文件原件。

境内责任人授权范围改变的，新授权范围应当包括原授权范围；仅进行授权期限更新的，授权书其他内容不得改变。

境内责任人变更的，应当提交拟变更境内责任人承担原境内责任人相关各项责任的承诺书，同时提交原境内责任人关于更换境内责任人的知情同意书或者能够证明境内责任人发生变更的已生效法律判决文书。

第十一条 境内责任人授权书应当至少载明以下内容和信息：

（一）化妆品新原料注册人、备案人和境内责任人名称；

（二）授权和被授权关系；

（三）授权范围；

（四）授权期限。

同一化妆品新原料不得授权多个境内责任人。境内责任人应当按照授权范围开展注册和备案工作。境内责任人授权书所载明的授权期限到期后，应当在授权期限届满前30日内重新提交延长授权期限的授权书或按要求办理境内责任人变更。

第十二条 化妆品新原料注册人、备案人申请化妆品新原料注册或办理新原料备案的，应当提交以下资料：

（一）注册人、备案人和境内责任人的名称、地址、联系方式；

（二）新原料研制报告；

（三）新原料的制备工艺、稳定性及其质量控制标准等研究资料；

（四）新原料安全评估资料。

化妆品新原料注册人、备案人或境内责任人应当根据所申报注册或进行备案新原料的具体情形分类，按照化妆品新原料注册和备案资料要求（附3）整理并提交相应的注册和备案资料。

化妆品新原料注册人、备案人或境内责任人应当结合新原料注册和备案资料相关技术信息，编制并提供用于注册和备案信息公开的化妆品新原料技术要求资料（样例见附4），在新原料获得批准或完成备案后，作为批准证书或备案凭证的附件对外公布，供社会公众查询参阅。

第十三条 化妆品新原料研制报告应当按照要求（附5）进行编制，一般应当包括以下内容：

（一）原料研发背景，包括研发背景、研发目的、研发过程及研发结果等；

（二）原料基本信息，包括原料名称、来源、组成、相对分子质量、分子式、化学结构、理化性质等信息；

（三）原料使用信息，包括原料在化妆品中的使用规格、使用目的、适用或使用范围、安全使用量、使用期限、注意事项、警示用语等；原料在境外使用于化妆品的状况以及批准状况；

（四）功能依据资料，化妆品新原料功能依据是指能够证明原料具有与使用目的相一致的相关资料，一般包括科学文献、法规资料、实验室研究数据、人体功效性评价试验资料等；

（五）新原料研制相关的其他资料。

第十四条 化妆品新原料制备工艺简述应当结合原料来源特征，对原料生产的主要工艺步骤、工艺参数等进行简要描述，并说明生产过程是否可能引入安全性风险物质及其控制措施。不同来源的新原料制备工艺简述编制要求如下：

（一）化学合成原料应当列出具体起始物、反应条件、使用的助剂、反应过程的中间产物及副产物、终产物中残留的杂质或助剂等；

（二）天然原料应当说明原料来源、加工工艺、提取方法等，包括前处理方法、提取条件、除杂或分离/纯化方法、使用的溶剂、可能残留的杂质或溶剂等；

（三）生物技术来源原料应当说明培养、提取、分离、纯化等原料制备过程。包括工艺过程中可能产生的杂质、原料中可能含有的杂质和可能存在的有害微生物；

（四）其他来源原料，根据原料特性和具体制备过程提交相关资料。

第十五条 化妆品新原料质量控制标准应当按照要求（附6）进行编制，一般应当包括以下内容：

（一）稳定性试验数据；

（二）质量规格指标及其检验方法；

（三）可能存在的安全性风险物质及其控制标准等。

第十六条 化妆品新原料安全性评价资料一般应当包括毒理学安全性评价资料和安全风险评估资料，并按照下列要求进行编制：

（一）毒理学安全性评价资料，应当结合申报注册和进行备案新原料的特征，判定新原料应当属于的具体情形，按照相应的毒理学试验项目资料要求进行编制；

（二）安全风险评估资料，包括原料安全使用量评估资料和原料中可能存在的安全性风险物质及其控制措施等评估资料。应当按照国家药品监督管理局制定的化妆品安全评估原则和程序等相关要求，对新原料以及可能同时存在的安全性风险物质进行评估。

第十七条 化妆品新原料的样品应当有完整的包装和标签，标签应当包括新原料注册人、备案人或境内责任人名称、原料的中文名称、INCI 名称、生产日期和使用期限、贮存条件等信息。

化妆品新原料注册人、备案人或境内责任人应当留存新原料的样品备查。如技术审评机构在技术审评过程中需要查看样品时，注册人、备案人或境内责任人应当在规定时限内提交样品。

第十八条 化妆品新原料注册人、备案人或境内责任人应当按照新原料安全监测期相关要求，收集、整理以下信息资料，并根据收集整理的信息资料，编制化妆品新原料安全监测年度报告（附7）：

（一）使用新原料生产化妆品的化妆品注册人、备案人或受托生产企业信息；

（二）使用新原料生产的化妆品信息，包括产品名称，产品注册证书或备案凭证编号，产品生产或进口、销售数量等；

（三）使用新原料生产的化妆品监督抽检、查处、召回情况；

（四）化妆品生产企业对使用新原料生产的化妆品的不良反应监测制度、产品不良反应统计分析情况及采取措施等；

（五）化妆品生产企业对使用新原料生产的化妆品的风险监测与评价管理体系制度及采取措施等。

化妆品新原料注册人、备案人或境内责任人应当在化妆品新原料安全监测每届满一年前 30 个工作日内，通过信息服务平台提交新原料安全监测年度报告。

第十九条 化妆品新原料注册人、备案人或境内责任人发现新原料使用过程中存在《化妆品注册备案管理办法》规定应当向技术审评机构报告的情况，或其他认为需要报告情形的，应当立即收集整理新原料基本信息、生产和使用情况、安全性问题或突发情况的原因分析、采取的处置措施和处理结果等信息，编制化妆品新原料安全风险控制报告（附8），并通过信息服务平台向技术审评机构提交。

第二十条 本规定自2021年5月1日起实施。

附： 1. 化妆品新原料注册人/备案人安全风险监测和评价体系概述（样例）（略）

2. 化妆品新原料注册人/备案人信息更新表（样例）（略）
3. 化妆品新原料注册备案资料要求（略）
4. 化妆品新原料技术要求（样例）（略）
5. 化妆品新原料研制报告编制要求（略）
6. 化妆品新原料质量控制标准编制要求（略）
7. 化妆品新原料安全监测年度报告编制要求（略）
8. 化妆品新原料安全风险控制报告编制要求（略）

化妆品标签管理办法

（2021年5月31日国家药监局公告2021年第77号公布　自2022年5月1日起施行）

第一条 为加强化妆品标签监督管理，规范化妆品标签使用，保障消费者合法权益，根据《化妆品监督管理条例》等有关法律法规规定，制定本办法。

第二条 在中华人民共和国境内生产经营的化妆品的标签管理适用本办法。

第三条 本办法所称化妆品标签，是指产品销售包装上用以辨识说明产品基本信息、属性特征和安全警示等的文字、符号、数字、图案等标识，以及附有标识信息的包装容器、包装盒和说明书。

第四条 化妆品注册人、备案人对化妆品标签的合法性、真实性、完整性、准确性和一致性负责。

第五条 化妆品的最小销售单元应当有标签。标签应当符合相关法律、行政法规、部门规章、强制性国家标准和技术规范要求，标签内容应当合法、真实、完整、准确，并与产品注册或者备案的相关内容一致。

化妆品标签应当清晰、持久，易于辨认、识读，不得有印字脱落、粘贴不牢等现象。

第六条 化妆品应当有中文标签。中文标签应当使用规范汉字，使用其他文字或者符号的，应当在产品销售包装可视面使用规范汉字对应解释说明，网址、境外企业的名称和地址以及约定俗成的专业术语等必须使用其他文字的除外。

加贴中文标签的，中文标签有关产品安全、功效宣称的内容应当与原标签相关内容对应一致。

除注册商标之外，中文标签同一可视面上其他文字字体的字号应当小于或者等于相应的规范汉字字体的字号。

第七条 化妆品中文标签应当至少包括以下内容：

（一）产品中文名称、特殊化妆品注册证书编号；

（二）注册人、备案人的名称、地址，注册人或者备案人为境外企业的，应当同时标注境内责任人的名称、地址；

（三）生产企业的名称、地址，国产化妆品应当同时标注生产企业生产许可证编号；

（四）产品执行的标准编号；

（五）全成分；

（六）净含量；

（七）使用期限；

（八）使用方法；

（九）必要的安全警示用语；

（十）法律、行政法规和强制性国家标准规定应当标注的其他内容。

具有包装盒的产品，还应当同时在直接接触内容物的包装容器上标注产品中文名称和使用期限。

第八条 化妆品产品中文名称一般由商标名、通用名和属性名三部分组成，约定俗成、习惯使用的化妆品名称可以省略通用名或者属性名，商标名、通用名和属性名应当符合下列规定要求：

（一）商标名的使用除符合国家商标有关法律法规的规定外，还应当符合国家化妆品管理相关法律法规的规定。不得以商标名的形式宣称医疗效果或者产品不具备的功效。以暗示含有某类原料的用语作为商标名，产品配方中含有该类原料的，应当在销售包装可视面对其使用目的进行说明；产品配方不含有该类原料的，应当在销售包装可视面明确标注产品不含该类原料，相关用语仅作商标名使用；

（二）通用名应当准确、客观，可以是表明产品原料或者描述产品用途、使用部位等的文字。使用具体原料名称或者表明原料类别的词汇的，应当与产品配方成分相符，且该原料在产品中产生的功效作用应当与产品功效宣称相符。使用动物、植物或者矿物等名称描述产品的香型、颜色或者形状的，配方中可以不含此原料，命名时可以在通用名中采用动物、植物或者矿物等名称加香型、颜色或者形状的形式，也可以在属性名后加以注明；

（三）属性名应当表明产品真实的物理性状或者形态；

（四）不同产品的商标名、通用名、属性名相同时，其他需要标注的内容应当在属性名后加以注明，包括颜色或者色号、防晒指数、气味、适用发质、肤质或者特定人群等内容；

（五）商标名、通用名或者属性名单独使用时符合本条上述要求，组合使用时可能使消费者对产品功效产生歧义的，应当在销售包装可视面予以解释说明。

第九条 产品中文名称应当在销售包装可视面显著位置标注，且至少有一处以引导语引出。

化妆品中文名称不得使用字母、汉语拼音、数字、符号等进行命名，注册商标、表示防晒指数、色号、系列号，或者其他必须使用字母、汉语拼音、数字、符号等的除外。产品中文名称中的注册商标使用字母、汉语拼音、数字、符号等的，应当在产品销售包装可视面对其含义予以解释说明。

特殊化妆品注册证书编号应当是国家药品监督管理局核发的注册证书编号，在销售包装可视面进行标注。

第十条 化妆品注册人、备案人、境内责任人和生产企业的名称、地址等相关信息，应当按照下列规定在产品销售包装可视面进行标注：

（一）注册人、备案人、境内责任人和生产企业的名称和地址，应当标注产品注册证书或者备案信息载明的企业名称和地址，分别以相应的引导语引出；

（二）化妆品注册人或者备案人与生产企业相同时，可使用“注册人/生产企业”或者“备案人/生产企业”作为引导语，进行简化标注；

（三）生产企业名称和地址应当标注完成最后一道接触内容物的工序的生产企业的名称、地址。注册人、备案人同时委托多个生产企业完成最后一道接触内容物的工序的，可以同时标注各受托生产企业的名称、地址，并通过代码或者其他方式指明产品的具体生产企业；

（四）生产企业为境内的，还应当在企业名称和地址之后标注化妆品生产许可证编号，以相应的引导语引出。

第十一条 化妆品标签应当在销售包装可视面标注产品执行的标准编号，以相应的引导语引出。

第十二条 化妆品标签应当在销售包装可视面标注化妆品全部

成分的原料标准中文名称，以“成分”作为引导语引出，并按照各成分在产品配方中含量的降序列出。化妆品配方中存在含量不超过0.1%（w/w）的成分的，所有不超过0.1%（w/w）的成分应当以“其他微量成分”作为引导语引出另行标注，可以不按照成分含量的降序列出。

以复配或者混合原料形式进行配方填报的，应当以其中每个成分在配方中的含量作为成分含量的排序和判别是否为微量成分的依据。

第十三条 化妆品的净含量应当使用国家法定计量单位表示，并在销售包装展示面标注。

第十四条 产品使用期限应当按照下列方式之一在销售包装可视面标注，并以相应的引导语引出：

（一）生产日期和保质期，生产日期应当使用汉字或者阿拉伯数字，以四位数年份、二位数月份和二位数日期的顺序依次进行排列标识；

（二）生产批号和限期使用日期。

具有包装盒的产品，在直接接触内容物的包装容器上标注使用期限时，除可以选择上述方式标注外，还可以采用标注生产批号和开封后使用期限的方式。

销售包装内含有多个独立包装产品时，每个独立包装应当分别标注使用期限，销售包装可视面上的使用期限应当按照其中最早到期的独立包装产品的使用期限标注；也可以分别标注单个独立包装产品的使用期限。

第十五条 为保证消费者正确使用，需要标注产品使用方法的，应当在销售包装可视面或者随附于产品的说明书中进行标注。

第十六条 存在下列情形之一的，应当以“注意”或者“警告”作为引导语，在销售包装可视面标注安全警示用语：

（一）法律、行政法规、部门规章、强制性国家标准、技术规范对化妆品限用组分、准用组分有警示用语和安全事项相关标注要求的；

（二）法律、行政法规、部门规章、强制性国家标准、技术规范对适用于儿童等特殊人群化妆品要求标注的相关注意事项的；

（三）法律、行政法规、部门规章、强制性国家标准、技术规范规定其他应当标注安全警示用语、注意事项的。

第十七条 化妆品净含量不大于 15g 或者 15mL 的小规格包装产品，仅需在销售包装可视面标注产品中文名称、特殊化妆品注册证书编号、注册人或者备案人的名称、净含量、使用期限等信息，其他应当标注的信息可以标注在随附于产品的说明书中。

具有包装盒的小规格包装产品，还应当同时在直接接触内容物的包装容器上标注产品中文名称和使用期限。

第十八条 化妆品标签中使用尚未被行业广泛使用导致消费者不易理解，但不属于禁止标注内容的创新用语的，应当在相邻位置对其含义进行解释说明。

第十九条 化妆品标签禁止通过下列方式标注或者宣称：

（一）使用医疗术语、医学名人的姓名、描述医疗作用和效果的词语或者已经批准的药品名明示或者暗示产品具有医疗作用；

（二）使用虚假、夸大、绝对化的词语进行虚假或者引人误解地描述；

（三）利用商标、图案、字体颜色大小、色差、谐音或者暗示性的文字、字母、汉语拼音、数字、符号等方式暗示医疗作用或者进行虚假宣称；

（四）使用尚未被科学界广泛接受的术语、机理编造概念误导消费者；

（五）通过编造虚假信息、贬低其他合法产品等方式误导消费者；

（六）使用虚构、伪造或者无法验证的科研成果、统计资料、调查结果、文摘、引用语等信息误导消费者；

（七）通过宣称所用原料的功能暗示产品实际不具有或者不允许

宣称的功效；

（八）使用未经相关行业主管部门确认的标识、奖励等进行化妆品安全及功效相关宣称及用语；

（九）利用国家机关、事业单位、医疗机构、公益性机构等单位及其工作人员、聘任的专家的名义、形象作证明或者推荐；

（十）表示功效、安全性的断言或者保证；

（十一）标注庸俗、封建迷信或者其他违反社会公序良俗的内容；

（十二）法律、行政法规和化妆品强制性国家标准禁止标注的其他内容。

第二十条 化妆品标签存在下列情形，但不影响产品质量安全且不会对消费者造成误导的，由负责药品监督管理的部门依照《化妆品监督管理条例》第六十一条第二款规定处理：

（一）文字、符号、数字的字号不规范，或者出现多字、漏字、错别字、非规范汉字的；

（二）使用期限、净含量的标注方式和格式不规范等的；

（三）化妆品标签不清晰难以辨认、识读，或者部分印字脱落或者粘贴不牢的；

（四）化妆品成分名称不规范或者成分未按照配方含量的降序列出的；

（五）未按照本办法规定使用引导语的；

（六）产品中文名称未在显著位置标注的；

（七）其他违反本办法规定但不影响产品质量安全且不会对消费者造成误导的情形。

化妆品标签违反本办法规定，构成《化妆品监督管理条例》第六十一条第一款第（五）项规定情形的，依法予以处罚。

第二十一条 以免费试用、赠予、兑换等形式向消费者提供的化妆品，其标签适用本办法。

第二十二条 本办法所称最小销售单元等名词术语的含义如下：

最小销售单元：以产品销售为目的，将产品内容物随产品包装容器、包装盒以及产品说明书等一起交付消费者时的最小包装的产品形式。

销售包装：最小销售单元的包装。包括直接接触内容物的包装容器、放置包装容器的包装盒以及随附于产品的说明书。

内容物：包装容器内所装的产品。

展示面：化妆品在陈列时，除底面外能被消费者看到的任何面。

可视面：化妆品在不破坏销售包装的情况下，能被消费者看到的任何面。

引导语：用以引出标注内容的用语，如“产品名称”“净含量”等。

第二十三条 本办法自2022年5月1日起施行。

化妆品标识管理规定

（2007年8月27日国家质量监督检验检疫总局令第100号公布 自2008年9月1日起施行）

第一章 总 则

第一条 为了加强对化妆品标识的监督管理，规范化妆品标识的标注，防止质量欺诈，保护消费者的人身健康和安全，根据《中华人民共和国产品质量法》、《中华人民共和国标准化法》、《中华人民共和国工业产品生产许可证管理条例》、《国务院关于加强食品等产品安全监督管理的特别规定》等法律法规，制定本规定。

第二条 在中华人民共和国境内生产（含分装）、销售的化妆品的标识标注和管理，适用本规定。

第三条 本规定所称化妆品是指以涂抹、喷、洒或者其他类似方法，施于人体（皮肤、毛发、指趾甲、口唇齿等），以达到清洁、保养、美化、修饰和改变外观，或者修正人体气味，保持良好状态为目的的产品。

本规定所称化妆品标识是指用以表示化妆品名称、品质、功效、使用方法、生产和销售者信息等有关文字、符号、数字、图案以及其他说明的总称。

第四条 国家质量监督检验检疫总局（以下简称国家质检总局）在其职权范围内负责组织全国化妆品标识的监督管理工作。

县级以上地方质量技术监督部门在其职权范围内负责本行政区域内化妆品标识的监督管理工作。

第二章 化妆品标识的标注内容

第五条 化妆品标识应当真实、准确、科学、合法。

第六条 化妆品标识应当标注化妆品名称。

化妆品名称一般由商标名、通用名和属性名三部分组成，并符合下列要求：

（一）商标名应当符合国家有关法律、行政法规的规定；

（二）通用名应当准确、科学，不得使用明示或者暗示医疗作用的文字，但可以使用表明主要原料、主要功效成分或者产品功能的文字；

（三）属性名应当表明产品的客观形态，不得使用抽象名称；约定俗成的产品名称，可省略其属性名。

国家标准、行业标准对产品名称有规定的，应当标注标准规定的名称。

第七条 化妆品标注“奇特名称”的，应当在相邻位置，以相同字号，按照本规定第六条规定标注产品名称；并不得违反国家相关规定和社会公序良俗。

同一名称的化妆品，适用不同人群，不同色系、香型的，应当在名称中或明显位置予以标明。

第八条 化妆品标识应当标注化妆品的实际生产加工地。

化妆品实际生产加工地应当按照行政区划至少标注到省级地域。

第九条 化妆品标识应当标注生产者的名称和地址。生产者名称和地址应当是依法登记注册、能承担产品质量责任的生产者的名称、地址。

有下列情形之一的，生产者的名称、地址按照下列规定予以标注：

（一）依法独立承担法律责任的集团公司或者其子公司，应当标注各自的名称和地址；

（二）依法不能独立承担法律责任的集团公司的分公司或者集团公司的生产基地，可以标注集团公司和分公司（生产基地）的名称、地址，也可以仅标注集团公司的名称、地址；

（三）实施委托生产加工的化妆品，委托企业具有其委托加工的化妆品生产许可证的，应当标注委托企业的名称、地址和被委托企业的名称，或者仅标注委托企业的名称和地址；委托企业不具有其委托加工化妆品生产许可证的，应当标注委托企业的名称、地址和被委托企业的名称；

（四）分装化妆品应当分别标注实际生产加工企业的名称和分装者的名称及地址，并注明分装字样。

第十条 化妆品标识应当清晰地标注化妆品的生产日期和保质期或者生产批号和限期使用日期。

第十一条 化妆品标识应当标注净含量。净含量的标注依照《定量包装商品计量监督管理办法》执行。液态化妆品以体积标明净含量；固态化妆品以质量标明净含量；半固态或者粘性化妆品，用质量或者体积标明净含量。

第十二条 化妆品标识应当标注全成分表。标注方法及要求应当符合相应的标准规定。

第十三条 化妆品标识应当标注企业所执行的国家标准、行业标准号或者经备案的企业标准号。

化妆品标识必须含有产品质量检验合格证明。

第十四条 化妆品标识应当标注生产许可证标志和编号。生产许可证标志和编号应当符合《中华人民共和国工业产品生产许可证管理条例实施办法》的有关规定。

第十五条 化妆品根据产品使用需要或者在标识中难以反映产品全部信息时，应当增加使用说明。使用说明应通俗易懂，需要附图时须有图例示。

凡使用或者保存不当容易造成化妆品本身损坏或者可能危及人体健康和人身安全的化妆品、适用于儿童等特殊人群的化妆品，必须标注注意事项、中文警示说明，以及满足保质期和安全性要求的储存条件等。

第十六条 化妆品标识不得标注下列内容：

（一）夸大功能、虚假宣传、贬低同类产品的内容；

（二）明示或者暗示具有医疗作用的内容；

（三）容易给消费者造成误解或者混淆的产品名称；

（四）其他法律、法规和国家标准禁止标注的内容。

第三章 化妆品标识的标注形式

第十七条 化妆品标识不得与化妆品包装物（容器）分离。

第十八条 化妆品标识应当直接标注在化妆品最小销售单元（包装）上。化妆品有说明书的应当随附于产品最小销售单元（包装）内。

第十九条 透明包装的化妆品，透过外包装物能清晰地识别内包装物或者容器上的所有或者部分标识内容的，可以不在外包装物上重复标注相应的内容。

第二十条 化妆品标识内容应清晰、醒目、持久，使消费者易于辨认、识读。

第二十一条 化妆品标识中除注册商标标识之外，其内容必须使用规范中文。使用拼音、少数民族文字或者外文的，应当与汉字有对应关系，并符合本规定第六条规定的要求。

第二十二条 化妆品包装物（容器）最大表面面积大于20平方厘米的，化妆品标识中强制标注内容字体高度不得小于1.8毫米。除注册商标之外，标识所使用的拼音、外文字体不得大于相应的汉字。

化妆品包装物（容器）的最大表面的面积小于10平方厘米且净含量不大于15克或者15毫升的，其标识可以仅标注化妆品名称，生产者名称和地址，净含量，生产日期和保质期或者生产批号和限期使用日期。产品有其他相关说明性资料的，其他应当标注的内容可以标注在说明性资料上。

第二十三条 化妆品标识不得采用以下标注形式：

（一）利用字体大小、色差或者暗示性的语言、图形、符号误导消费者；

（二）擅自涂改化妆品标识中的化妆品名称、生产日期和保质期或者生产批号和限期使用日期；

（三）法律、法规禁止的其他标注形式。

第四章 法律责任

第二十四条 违反本规定第六条、第七条规定，化妆品标识未标注化妆品名称或者标注名称不符合规定要求的，责令限期改正；逾期未改正的，处以1万元以下罚款。

第二十五条 违反本规定第八条、第九条，化妆品标识未依法标注化妆品实际生产加工地或者生产者名称、地址的，责令限期改正；逾期未改正的，处以1万元以下罚款。

属于伪造产品产地、伪造或者冒用他人厂名、厂址的，按照《中华人民共和国产品质量法》第五十三条的规定处罚。

第二十六条 违反本规定第十条、第十五条的，按照《中华人民共和国产品质量法》第五十四条的规定处罚。

第二十七条 违反本规定第十一条，未按规定标注净含量的，按照《定量包装商品计量监督管理办法》的规定处罚。

第二十八条 违反本规定第十二条，化妆品标识未标注全成分表，标注方法和要求不符合相应标准规定的，责令限期改正；逾期未改正的，处以1万元以下罚款。

第二十九条 违反本规定第十三条，未标注产品标准号或者未标注质量检验合格证明的，责令限期改正；逾期未改正的，处以1万元以下罚款。

第三十条 违反本规定第十四条，未依法标注生产许可证标志和编号的，按照《中华人民共和国工业产品生产许可证管理条例》第四十七条的规定处罚。

第三十一条 违反本规定第十六条的，责令限期改正；逾期未改正的，处以1万元以下罚款；违反有关法律法规规定的，依照有关法律法规规定处理。

第三十二条 违反本规定第十七条、第十八条的，责令限期改正；逾期未改正的，处以1万元以下罚款。

第三十三条 违反本规定第二十一条、第二十二条，责令限期改正；逾期未改正的，处以1万元以下罚款。

第三十四条 违反本规定第二十三条规定的，责令限期改正，并处以5000元以下罚款；逾期未改正的，处以1万元以下罚款。

第三十五条 本章规定的行政处罚，由县级以上地方质量技术监督部门在职权范围内依法实施。

法律、行政法规对行政处罚另有规定的，从其规定。

第五章　附　　则

第三十六条　进出口化妆品标识的管理，由出入境检验检疫机构按照国家质检总局有关规定执行。

第三十七条　本规定由国家质检总局负责解释。

第三十八条　本规定自2008年9月1日起施行。

化妆品生产质量管理规范

（2022年1月6日国家药监局公告2022年第1号公布　自2022年7月1日起施行）

第一章　总　　则

第一条　为规范化妆品生产质量管理，根据《化妆品监督管理条例》《化妆品生产经营监督管理办法》等法规、规章，制定本规范。

第二条　本规范是化妆品生产质量管理的基本要求，化妆品注册人、备案人、受托生产企业应当遵守本规范。

第三条　化妆品注册人、备案人、受托生产企业应当诚信自律，按照本规范的要求建立生产质量管理体系，实现对化妆品物料采购、生产、检验、贮存、销售和召回等全过程的控制和追溯，确保持续稳定地生产出符合质量安全要求的化妆品。

第二章　机构与人员

第四条　从事化妆品生产活动的化妆品注册人、备案人、受托生产企业（以下统称“企业”）应当建立与生产的化妆品品种、数量和生产许可项目等相适应的组织机构，明确质量管理、生产等部门的职责和权限，配备与生产的化妆品品种、数量和生产许可项目等相适应的技术人员和检验人员。

企业的质量管理部门应当独立设置，履行质量保证和控制职责，参与所有与质量管理有关的活动。

第五条 企业应当建立化妆品质量安全责任制，明确企业法定代表人（或者主要负责人，下同）、质量安全负责人、质量管理部门负责人、生产部门负责人以及其他化妆品质量安全相关岗位的职责，各岗位人员应当按照岗位职责要求，逐级履行相应的化妆品质量安全责任。

第六条 法定代表人对化妆品质量安全工作全面负责，应当负责提供必要的资源，合理制定并组织实施质量方针，确保实现质量目标。

第七条 企业应当设质量安全负责人，质量安全负责人应当具备化妆品、化学、化工、生物、医学、药学、食品、公共卫生或者法学等化妆品质量安全相关专业知识，熟悉相关法律法规、强制性国家标准、技术规范，并具有 5 年以上化妆品生产或者质量管理经验。

质量安全负责人应当协助法定代表人承担下列相应的产品质量安全管理和产品放行职责：

（一）建立并组织实施本企业质量管理体系，落实质量安全管理责任，定期向法定代表人报告质量管理体系运行情况；

（二）产品质量安全问题的决策及有关文件的签发；

（三）产品安全评估报告、配方、生产工艺、物料供应商、产品标签等的审核管理，以及化妆品注册、备案资料的审核（受托生产企业除外）；

（四）物料放行管理和产品放行；

（五）化妆品不良反应监测管理。

质量安全负责人应当独立履行职责，不受企业其他人员的干扰。

根据企业质量管理体系运行需要，经法定代表人书面同意，质量安全负责人可以指定本企业的其他人员协助履行上述职责中除（一）（二）外的其他职责。被指定人员应当具备相应资质和履职能力，且其协助履行上述职责的时间、具体事项等应当如实记录，确保协助履行职责行为可追溯。质量安全负责人应当对协助履行职责情况进行监督，且其应当承担的法律责任并不转移给被指定人员。

第八条 质量管理部门负责人应当具备化妆品、化学、化工、生物、医学、药学、食品、公共卫生或者法学等化妆品质量安全相关专业知识，熟悉相关法律法规、强制性国家标准、技术规范，并具有化妆品生产或者质量管理经验。质量管理部门负责人应当承担下列职责：

（一）所有产品质量有关文件的审核；

（二）组织与产品质量相关的变更、自查、不合格品管理、不良反应监测、召回等活动；

（三）保证质量标准、检验方法和其他质量管理规程有效实施；

（四）保证完成必要的验证工作，审核和批准验证方案和报告；

（五）承担物料和产品的放行审核工作；

（六）评价物料供应商；

（七）制定并实施生产质量管理相关的培训计划，保证员工经过与其岗位要求相适应的培训，并达到岗位职责的要求；

（八）负责其他与产品质量有关的活动。

质量安全负责人、质量管理部门负责人不得兼任生产部门负责人。

第九条 生产部门负责人应当具备化妆品、化学、化工、生物、医学、药学、食品、公共卫生或者法学等化妆品质量安全相关专业知识，熟悉相关法律法规、强制性国家标准、技术规范，并具有化妆品生产或者质量管理经验。生产部门负责人应当承担下列职责：

（一）保证产品按照化妆品注册、备案资料载明的技术要求以及企业制定的生产工艺规程和岗位操作规程生产；

（二）保证生产记录真实、完整、准确、可追溯；

（三）保证生产环境、设施设备满足生产质量需要；

（四）保证直接从事生产活动的员工经过培训，具备与其岗位要求相适应的知识和技能；

（五）负责其他与产品生产有关的活动。

第十条 企业应当制定并实施从业人员入职培训和年度培训计划，确保员工熟悉岗位职责，具备履行岗位职责的法律知识、专业知识以及操作技能，考核合格后方可上岗。

企业应当建立员工培训档案，包括培训人员、时间、内容、方式及考核情况等。

第十一条 企业应当建立并执行从业人员健康管理制度。直接从事化妆品生产活动的人员应当在上岗前接受健康检查，上岗后每年接受健康检查。患有国务院卫生主管部门规定的有碍化妆品质量安全疾病的人员不得直接从事化妆品生产活动。企业应当建立从业人员健康档案，至少保存 3 年。

企业应当建立并执行进入生产车间卫生管理制度、外来人员管理制度，不得在生产车间、实验室内开展对产品质量安全有不利影响的活动。

第三章 质量保证与控制

第十二条 企业应当建立健全化妆品生产质量管理体系文件，包括质量方针、质量目标、质量管理制度、质量标准、产品配方、生产工艺规程、操作规程，以及法律法规要求的其他文件。

企业应当建立并执行文件管理制度，保证化妆品生产质量管理体系文件的制定、审核、批准、发放、销毁等得到有效控制。

第十三条 与本规范有关的活动均应当形成记录。

企业应当建立并执行记录管理制度。记录应当真实、完整、准确，清晰易辨，相互关联可追溯，不得随意更改，更正应当留痕并签注更正人姓名及日期。

采用计算机（电子化）系统生成、保存记录或者数据的，应当符合本规范附 1 的要求。

记录应当标示清晰，存放有序，便于查阅。与产品追溯相关的记录，其保存期限不得少于产品使用期限届满后 1 年；产品使用期限不足 1 年的，记录保存期限不得少于 2 年。与产品追溯不相关的记录，其保存期限不得少于 2 年。记录保存期限另有规定的从其规定。

第十四条 企业应当建立并执行追溯管理制度，对原料、内包材、半成品、成品制定明确的批号管理规则，与每批产品生产相关的所有记录应当相互关联，保证物料采购、产品生产、质量控制、贮存、销售和召回等全部活动可追溯。

第十五条 企业应当建立并执行质量管理体系自查制度，包括自查时间、自查依据、相关部门和人员职责、自查程序、结果评估等内容。

自查实施前应当制定自查方案，自查完成后应当形成自查报告。自查报告应当包括发现的问题、产品质量安全评价、整改措施等。自查报告应当经质量安全负责人批准，报告法定代表人，并反馈企业相关部门。企业应当对整改情况进行跟踪评价。

企业应当每年对化妆品生产质量管理规范的执行情况进行自查。出现连续停产 1 年以上，重新生产前应当进行自查，确认是否符合本规范要求；化妆品抽样检验结果不合格的，应当按规定及时开展自查并进行整改。

第十六条 企业应当建立并执行检验管理制度，制定原料、内包材、半成品以及成品的质量控制要求，采用检验方式作为质量控制措施的，检验项目、检验方法和检验频次应当与化妆品注册、备案资料载明的技术要求一致。

企业应当明确检验或者确认方法、取样要求、样品管理要求、检验操作规程、检验过程管理要求以及检验异常结果处理要求等，检验或者确认的结果应当真实、完整、准确。

第十七条 企业应当建立与生产的化妆品品种、数量和生产许可项目等相适应的实验室，至少具备菌落总数、霉菌和酵母菌总数等微生物检验项目的检验能力，并保证检测环境、检验人员以及检验设施、设备、仪器和试剂、培养基、标准品等满足检验需要。重金属、致病菌和产品执行的标准中规定的其他安全性风险物质，可以委托取得资质认定的检验检测机构进行检验。

企业应当建立并执行实验室管理制度，保证实验设备仪器正常运行，对实验室使用的试剂、培养基、标准品的配制、使用、报废和有效期实施管理，保证检验结果真实、完整、准确。

第十八条 企业应当建立并执行留样管理制度。每批出厂的产品均应当留样，留样数量至少达到出厂检验需求量的2倍，并应当满足产品质量检验的要求。

出厂的产品为成品的，留样应当保持原始销售包装。销售包装为套盒形式，该销售包装内含有多个化妆品且全部为最小销售单元的，如果已经对包装内的最小销售单元留样，可以不对该销售包装产品整体留样，但应当留存能够满足质量追溯需求的套盒外包装。

出厂的产品为半成品的，留样应当密封且能够保证产品质量稳定，并有符合要求的标签信息，保证可追溯。

企业应当依照相关法律法规的规定和标签标示的要求贮存留样的产品，并保存留样记录。留样保存期限不得少于产品使用期限届满后6个月。发现留样的产品在使用期限内变质的，企业应当及时分析原因，并依法召回已上市销售的该批次化妆品，主动消除安全风险。

第四章 厂房设施与设备管理

第十九条 企业应当具备与生产的化妆品品种、数量和生产许可项目等相适应的生产场地和设施设备。生产场地选址应当不受有毒、有害场所以及其他污染源的影响，建筑结构、生产车间和设施设备应当便于清洁、操作和维护。

第二十条 企业应当按照生产工艺流程及环境控制要求设置生产车间，不得擅自改变生产车间的功能区域划分。生产车间不得有污染源，物料、产品和人员流向应当合理，避免产生污染与交叉污染。

生产车间更衣室应当配备衣柜、鞋柜，洁净区、准洁净区应当配备非手接触式洗手及消毒设施。企业应当根据生产环境控制需要设置二次更衣室。

第二十一条 企业应当按照产品工艺环境要求，在生产车间内划分洁净区、准洁净区、一般生产区，生产车间环境指标应当符合本规范附 2 的要求。不同洁净级别的区域应当物理隔离，并根据工艺质量保证要求，保持相应的压差。

生产车间应当保持良好的通风和适宜的温度、湿度。根据生产工艺需要，洁净区应当采取净化和消毒措施，准洁净区应当采取消毒措施。企业应当制定洁净区和准洁净区环境监控计划，定期进行监控，每年按照化妆品生产车间环境要求对生产车间进行检测。

第二十二条 生产车间应当配备防止蚊蝇、昆虫、鼠和其他动物进入、孳生的设施，并有效监控。物料、产品等贮存区域应当配备合适的照明、通风、防鼠、防虫、防尘、防潮等设施，并依照物料和产品的特性配备温度、湿度调节及监控设施。

生产车间等场所不得贮存、生产对化妆品质量安全有不利影响的物料、产品或者其他物品。

第二十三条 易产生粉尘、不易清洁等的生产工序，应当在单独的生产操作区域完成，使用专用的生产设备，并采取相应的清洁措施，防止交叉污染。

易产生粉尘和使用挥发性物质生产工序的操作区域应当配备有效的除尘或者排风设施。

第二十四条 企业应当配备与生产的化妆品品种、数量、生产许可项目、生产工艺流程相适应的设备，与产品质量安全相关的设备应当设置唯一编号。管道的设计、安装应当避免死角、盲管或者受到污染，固定管道上应当清晰标示内容物的名称或者管道用途，并注明流向。

所有与原料、内包材、产品接触的设备、器具、管道等的材质应当满足使用要求，不得影响产品质量安全。

第二十五条 企业应当建立并执行生产设备管理制度，包括生产设备的采购、安装、确认、使用、维护保养、清洁等要求，对关键衡器、量具、仪表和仪器定期进行检定或者校准。

企业应当建立并执行主要生产设备使用规程。设备状态标识、清洁消毒标识应当清晰。

企业应当建立并执行生产设备、管道、容器、器具的清洁消毒操作规程。所选用的润滑剂、清洁剂、消毒剂不得对物料、产品或者设备、器具造成污染或者腐蚀。

第二十六条 企业制水、水贮存及输送系统的设计、安装、运行、维护应当确保工艺用水达到质量标准要求。

企业应当建立并执行水处理系统定期清洁、消毒、监测、维护制度。

第二十七条 企业空气净化系统的设计、安装、运行、维护应当确保生产车间达到环境要求。

企业应当建立并执行空气净化系统定期清洁、消毒、监测、维护制度。

第五章 物料与产品管理

第二十八条 企业应当建立并执行物料供应商遴选制度，对物料供应商进行审核和评价。企业应当与物料供应商签订采购合同，并在合同中明确物料验收标准和双方质量责任。

企业应当根据审核评价的结果建立合格物料供应商名录，明确关键原料供应商，并对关键原料供应商进行重点审核，必要时应当进行现场审核。

第二十九条 企业应当建立并执行物料审查制度，建立原料、外购的半成品以及内包材清单，明确原料、外购的半成品成分，留存必要的原料、外购的半成品、内包材质量安全相关信息。

企业应当在物料采购前对原料、外购的半成品、内包材实施审查，不得使用禁用原料、未经注册或者备案的新原料，不得超出使用范围、限制条件使用限用原料，确保原料、外购的半成品、内包材符合法律法规、强制性国家标准、技术规范的要求。

第三十条 企业应当建立并执行物料进货查验记录制度，建立并执行物料验收规程，明确物料验收标准和验收方法。企业应当按照物料验收规程对到货物料检验或者确认，确保实际交付的物料与采购合同、送货票证一致，并达到物料质量要求。

企业应当对关键原料留样，并保存留样记录。留样的原料应当有标签，至少包括原料中文名称或者原料代码、生产企业名称、原料规格、贮存条件、使用期限等信息，保证可追溯。留样数量应当满足原料质量检验的要求。

第三十一条 物料和产品应当按规定的条件贮存，确保质量稳定。物料应当分类按批摆放，并明确标示。

物料名称用代码标示的，应当制定代码对照表，原料代码应当明确对应的原料标准中文名称。

第三十二条 企业应当建立并执行物料放行管理制度，确保物料放行后方可用于生产。

企业应当建立并执行不合格物料处理规程。超过使用期限的物料应当按照不合格品管理。

第三十三条 企业生产用水的水质和水量应当满足生产要求，水质至少达到生活饮用水卫生标准要求。生产用水为小型集中式供水或者分散式供水的，应当由取得资质认定的检验检测机构对生产用水进行检测，每年至少一次。

企业应当建立并执行工艺用水质量标准、工艺用水管理规程，对工艺用水水质定期监测，确保符合生产质量要求。

第三十四条 产品应当符合相关法律法规、强制性国家标准、技术规范和化妆品注册、备案资料载明的技术要求。

企业应当建立并执行标签管理制度，对产品标签进行审核确认，确保产品的标签符合相关法律法规、强制性国家标准、技术规范的要求。内包材上标注标签的生产工序应当在完成最后一道接触化妆品内容物生产工序的生产企业内完成。

产品销售包装上标注的使用期限不得擅自更改。

第六章　生产过程管理

第三十五条 企业应当建立并执行与生产的化妆品品种、数量和生产许可项目等相适应的生产管理制度。

第三十六条 企业应当按照化妆品注册、备案资料载明的技术要求建立并执行产品生产工艺规程和岗位操作规程，确保按照化妆品注册、备案资料载明的技术要求生产产品。企业应当明确生产工艺参数及工艺过程的关键控制点，主要生产工艺应当经过验证，确保能够持续稳定地生产出合格的产品。

第三十七条 企业应当根据生产计划下达生产指令。生产指令应当包括产品名称、生产批号（或者与生产批号可关联的唯一标识符号）、产品配方、生产总量、生产时间等内容。

生产部门应当根据生产指令进行生产。领料人应当核对所领用物料的包装、标签信息等，填写领料单据。

第三十八条 企业应当在生产开始前对生产车间、设备、器具和物料进行确认，确保其符合生产要求。

企业在使用内包材前，应当按照清洁消毒操作规程进行清洁消毒，或者对其卫生符合性进行确认。

第三十九条 企业应当对生产过程使用的物料以及半成品全程清晰标识，标明名称或者代码、生产日期或者批号、数量，并可追溯。

第四十条 企业应当对生产过程按照生产工艺规程和岗位操作规程进行控制，应当真实、完整、准确地填写生产记录。

生产记录应当至少包括生产指令、领料、称量、配制、填充或者灌装、包装、产品检验以及放行等内容。

第四十一条 企业应当在生产后检查物料平衡，确认物料平衡符合生产工艺规程设定的限度范围。超出限度范围时，应当查明原因，确认无潜在质量风险后，方可进入下一工序。

第四十二条 企业应当在生产后及时清场，对生产车间和生产设备、管道、容器、器具等按照操作规程进行清洁消毒并记录。清洁消毒完成后，应当清晰标识，并按照规定注明有效期限。

第四十三条 企业应当将生产结存物料及时退回仓库。退仓物料应当密封并做好标识，必要时重新包装。仓库管理人员应当按照退料单据核对退仓物料的名称或者代码、生产日期或者批号、数量等。

第四十四条 企业应当建立并执行不合格品管理制度，及时分析不合格原因。企业应当编制返工控制文件，不合格品经评估确认能够返工的，方可返工。不合格品的销毁、返工等处理措施应当经质量管理部门批准并记录。

企业应当对半成品的使用期限做出规定，超过使用期限未填充或者灌装的，应当及时按照不合格品处理。

第四十五条 企业应当建立并执行产品放行管理制度，确保产品经检验合格且相关生产和质量活动记录经审核批准后，方可放行。

上市销售的化妆品应当附有出厂检验报告或者合格标记等形式的产品质量检验合格证明。

第七章　委托生产管理

第四十六条　委托生产的化妆品注册人、备案人（以下简称“委托方”）应当按照本规范的规定建立相应的质量管理体系，并对受托生产企业的生产活动进行监督。

第四十七条　委托方应当建立与所注册或者备案的化妆品和委托生产需要相适应的组织机构，明确注册备案管理、生产质量管理、产品销售管理等关键环节的负责部门和职责，配备相应的管理人员。

第四十八条　化妆品委托生产的，委托方应当是所生产化妆品的注册人或者备案人。受托生产企业应当是持有有效化妆品生产许可证的企业，并在其生产许可范围内接受委托。

第四十九条　委托方应当建立化妆品质量安全责任制，明确委托方法定代表人、质量安全负责人以及其他化妆品质量安全相关岗位的职责，各岗位人员应当按照岗位职责要求，逐级履行相应的化妆品质量安全责任。

第五十条　委托方应当按照本规范第七条第一款规定设质量安全负责人。

质量安全负责人应当协助委托方法定代表人承担下列相应的产品质量安全管理和产品放行职责：

（一）建立并组织实施本企业质量管理体系，落实质量安全管理责任，定期向法定代表人报告质量管理体系运行情况；

（二）产品质量安全问题的决策及有关文件的签发；

（三）审核化妆品注册、备案资料；

（四）委托方采购、提供物料的，物料供应商、物料放行的审核管理；

（五）产品的上市放行；

（六）受托生产企业遴选和生产活动的监督管理；

（七）化妆品不良反应监测管理。

质量安全负责人应当遵守第七条第三款的有关规定。

第五十一条 委托方应当建立受托生产企业遴选标准，在委托生产前，对受托生产企业资质进行审核，考察评估其生产质量管理体系运行状况和生产能力，确保受托生产企业取得相应的化妆品生产许可且具备相应的产品生产能力。

委托方应当建立受托生产企业名录和管理档案。

第五十二条 委托方应当与受托生产企业签订委托生产合同，明确委托事项、委托期限、委托双方的质量安全责任，确保受托生产企业依照法律法规、强制性国家标准、技术规范以及化妆品注册、备案资料载明的技术要求组织生产。

第五十三条 委托方应当建立并执行受托生产企业生产活动监督制度，对各环节受托生产企业的生产活动进行监督，确保受托生产企业按照法定要求进行生产。

委托方应当建立并执行受托生产企业更换制度，发现受托生产企业的生产条件、生产能力发生变化，不再满足委托生产需要的，应当及时停止委托，根据生产需要更换受托生产企业。

第五十四条 委托方应当建立并执行化妆品注册备案管理、从业人员健康管理、从业人员培训、质量管理体系自查、产品放行管理、产品留样管理、产品销售记录、产品贮存和运输管理、产品退货记录、产品质量投诉管理、产品召回管理等质量管理制度，建立并实施化妆品不良反应监测和评价体系。

委托方向受托生产企业提供物料的，委托方应当按照本规范要求建立并执行物料供应商遴选、物料审查、物料进货查验记录和验收以及物料放行管理等相关制度。

委托方应当根据委托生产实际，按照本规范建立并执行其他相关质量管理制度。

第五十五条 委托方应当建立并执行产品放行管理制度，在受托生产企业完成产品出厂放行的基础上，确保产品经检验合格且相关生产和质量活动记录经审核批准后，方可上市放行。

上市销售的化妆品应当附有出厂检验报告或者合格标记等形式的产品质量检验合格证明。

第五十六条 委托方应当建立并执行留样管理制度，在其住所或者主要经营场所留样；也可以在其住所或者主要经营场所所在地的其他经营场所留样。留样应当符合本规范第十八条的规定。

留样地点不是委托方的住所或者主要经营场所的，委托方应当将留样地点的地址等信息在首次留样之日起 20 个工作日内，按规定向所在地负责药品监督管理的部门报告。

第五十七条 委托方应当建立并执行记录管理制度，保存与本规范有关活动的记录。记录应当符合本规范第十三条的相关要求。

执行生产质量管理规范的相关记录由受托生产企业保存的，委托方应当监督其保存相关记录。

第八章 产品销售管理

第五十八条 化妆品注册人、备案人、受托生产企业应当建立并执行产品销售记录制度，并确保所销售产品的出货单据、销售记录与货品实物一致。

产品销售记录应当至少包括产品名称、特殊化妆品注册证编号或者普通化妆品备案编号、使用期限、净含量、数量、销售日期、价格，以及购买者名称、地址和联系方式等内容。

第五十九条 化妆品注册人、备案人、受托生产企业应当建立并执行产品贮存和运输管理制度。依照有关法律法规的规定和产品标签标示的要求贮存、运输产品，定期检查并且及时处理变质或者超过使用期限等质量异常的产品。

第六十条 化妆品注册人、备案人、受托生产企业应当建立并执行退货记录制度。

退货记录内容应当包括退货单位、产品名称、净含量、使用期限、数量、退货原因以及处理结果等内容。

第六十一条 化妆品注册人、备案人、受托生产企业应当建立并执行产品质量投诉管理制度，指定人员负责处理产品质量投诉并记录。质量管理部门应当对投诉内容进行分析评估，并提升产品质量。

第六十二条 化妆品注册人、备案人应当建立并实施化妆品不良反应监测和评价体系。受托生产企业应当建立并执行化妆品不良反应监测制度。

化妆品注册人、备案人、受托生产企业应当配备与其生产化妆品品种、数量相适应的机构和人员，按规定开展不良反应监测工作，并形成监测记录。

第六十三条 化妆品注册人、备案人应当建立并执行产品召回管理制度，依法实施召回工作。发现产品存在质量缺陷或者其他问题，可能危害人体健康的，应当立即停止生产，召回已经上市销售的产品，通知相关化妆品经营者和消费者停止经营、使用，记录召回和通知情况。对召回的产品，应当清晰标识、单独存放，并视情况采取补救、无害化处理、销毁等措施。因产品质量问题实施的化妆品召回和处理情况，化妆品注册人、备案人应当及时向所在地省、自治区、直辖市药品监督管理部门报告。

受托生产企业应当建立并执行产品配合召回制度。发现其生产的产品有第一款规定情形的，应当立即停止生产，并通知相关化妆品注册人、备案人。化妆品注册人、备案人实施召回的，受托生产企业应当予以配合。

召回记录内容应当至少包括产品名称、净含量、使用期限、召回数量、实际召回数量、召回原因、召回时间、处理结果、向监管部门报告情况等。

第九章　附　　则

第六十四条　本规范有关用语含义如下：

批：在同一生产周期、同一工艺过程内生产的，质量具有均一性的一定数量的化妆品。

批号：用于识别一批产品的唯一标识符号，可以是一组数字或者数字和字母的任意组合，用以追溯和审查该批化妆品的生产历史。

半成品：是指除填充或者灌装工序外，已完成其他全部生产加工工序的产品。

物料：生产中使用的原料和包装材料。外购的半成品应当参照物料管理。

成品：完成全部生产工序、附有标签的产品。

产品：生产的化妆品半成品和成品。

工艺用水：生产中用来制造、加工产品以及与制造、加工工艺过程有关的用水。

内包材：直接接触化妆品内容物的包装材料。

生产车间：从事化妆品生产、贮存的区域，按照产品工艺环境要求，可以划分为洁净区、准洁净区和一般生产区。

洁净区：需要对环境中尘粒及微生物数量进行控制的区域（房间），其建筑结构、装备及使用应当能够减少该区域内污染物的引入、产生和滞留。

准洁净区：需要对环境中微生物数量进行控制的区域（房间），其建筑结构、装备及使用应当能够减少该区域内污染物的引入、产生和滞留。

一般生产区：生产工序中不接触化妆品内容物、清洁内包材，不对微生物数量进行控制的生产区域。

物料平衡：产品、物料实际产量或者实际用量及收集到的损耗之和与理论产量或者理论用量之间的比较，并考虑可以允许的偏差范围。

验证：证明任何操作规程或者方法、生产工艺或者设备系统能够达到预期结果的一系列活动。

第六十五条 仅从事半成品配制的化妆品注册人、备案人以及受托生产企业应当按照本规范要求组织生产。其出厂的产品标注的标签应当至少包括产品名称、企业名称、规格、贮存条件、使用期限等信息。

第六十六条 牙膏生产质量管理按照本规范执行。

第六十七条 本规范自 2022 年 7 月 1 日起施行。

附： 1. 化妆品生产电子记录要求（略）

2. 化妆品生产车间环境要求（略）

化妆品生产经营监督管理办法

（2021 年 8 月 2 日国家市场监督管理总局令第 46 号公布　自 2022 年 1 月 1 日起施行）

第一章　总　　则

第一条 为了规范化妆品生产经营活动，加强化妆品监督管理，保证化妆品质量安全，根据《化妆品监督管理条例》，制定本办法。

第二条 在中华人民共和国境内从事化妆品生产经营活动及其监督管理，应当遵守本办法。

第三条 国家药品监督管理局负责全国化妆品监督管理工作。

县级以上地方人民政府负责药品监督管理的部门负责本行政区域的化妆品监督管理工作。

第四条 化妆品注册人、备案人应当依法建立化妆品生产质量管理体系，履行产品不良反应监测、风险控制、产品召回等义务，对化妆品的质量安全和功效宣称负责。化妆品生产经营者应当依照法律、法规、规章、强制性国家标准、技术规范从事生产经营活动，加强管理，诚信自律，保证化妆品质量安全。

第五条 国家对化妆品生产实行许可管理。从事化妆品生产活动，应当依法取得化妆品生产许可证。

第六条 化妆品生产经营者应当依法建立进货查验记录、产品销售记录等制度，确保产品可追溯。

鼓励化妆品生产经营者采用信息化手段采集、保存生产经营信息，建立化妆品质量安全追溯体系。

第七条 国家药品监督管理局加强信息化建设，为公众查询化妆品信息提供便利化服务。

负责药品监督管理的部门应当依法及时公布化妆品生产许可、监督检查、行政处罚等监督管理信息。

第八条 负责药品监督管理的部门应当充分发挥行业协会、消费者协会和其他消费者组织、新闻媒体等的作用，推进诚信体系建设，促进化妆品安全社会共治。

第二章　生 产 许 可

第九条 申请化妆品生产许可，应当符合下列条件：

（一）是依法设立的企业；

（二）有与生产的化妆品品种、数量和生产许可项目等相适应的生产场地，且与有毒、有害场所以及其他污染源保持规定的距离；

（三）有与生产的化妆品品种、数量和生产许可项目等相适应的生产设施设备且布局合理，空气净化、水处理等设施设备符合规定要求；

（四）有与生产的化妆品品种、数量和生产许可项目等相适应的技术人员；

（五）有与生产的化妆品品种、数量相适应，能对生产的化妆品进行检验的检验人员和检验设备；

（六）有保证化妆品质量安全的管理制度。

第十条 化妆品生产许可申请人应当向所在地省、自治区、直辖市药品监督管理部门提出申请，提交其符合本办法第九条规定条件的证明资料，并对资料的真实性负责。

第十一条 省、自治区、直辖市药品监督管理部门对申请人提出的化妆品生产许可申请，应当根据下列情况分别作出处理：

（一）申请事项依法不需要取得许可的，应当作出不予受理的决定，出具不予受理通知书；

（二）申请事项依法不属于药品监督管理部门职权范围的，应当作出不予受理的决定，出具不予受理通知书，并告知申请人向有关行政机关申请；

（三）申请资料存在可以当场更正的错误的，应当允许申请人当场更正，由申请人在更正处签名或者盖章，注明更正日期；

（四）申请资料不齐全或者不符合法定形式的，应当当场或者在5个工作日内一次告知申请人需要补正的全部内容以及提交补正资料的时限。逾期不告知的，自收到申请资料之日起即为受理；

（五）申请资料齐全、符合法定形式，或者申请人按照要求提交全部补正资料的，应当受理化妆品生产许可申请。

省、自治区、直辖市药品监督管理部门受理或者不予受理化妆品生产许可申请的，应当出具受理或者不予受理通知书。决定不予受理的，应当说明不予受理的理由，并告知申请人依法享有申请行政复议或者提起行政诉讼的权利。

第十二条 省、自治区、直辖市药品监督管理部门应当对申请人提交的申请资料进行审核，对申请人的生产场所进行现场核查，并自受理化妆品生产许可申请之日起30个工作日内作出决定。

第十三条 省、自治区、直辖市药品监督管理部门应当根据申请资料审核和现场核查等情况，对符合规定条件的，作出准予许可的决定，并自作出决定之日起5个工作日内向申请人颁发化妆品生产许可证；对不符合规定条件的，及时作出不予许可的书面决定并说明理由，同时告知申请人依法享有申请行政复议或者提起行政诉讼的权利。

化妆品生产许可证发证日期为许可决定作出的日期，有效期为5年。

第十四条 化妆品生产许可证分为正本、副本。正本、副本具有同等法律效力。

国家药品监督管理局负责制定化妆品生产许可证式样。省、自治区、直辖市药品监督管理部门负责化妆品生产许可证的印制、发放等管理工作。

药品监督管理部门制作的化妆品生产许可电子证书与印制的化妆品生产许可证书具有同等法律效力。

第十五条 化妆品生产许可证应当载明许可证编号、生产企业名称、住所、生产地址、统一社会信用代码、法定代表人或者负责人、生产许可项目、有效期、发证机关、发证日期等。

化妆品生产许可证副本还应当载明化妆品生产许可变更情况。

第十六条 化妆品生产许可项目按照化妆品生产工艺、成品状态和用途等，划分为一般液态单元、膏霜乳液单元、粉单元、气雾剂及有机溶剂单元、蜡基单元、牙膏单元、皂基单元、其他单元。国家药品监督管理局可以根据化妆品质量安全监督管理实际需要调整生产许可项目划分单元。

具备儿童护肤类、眼部护肤类化妆品生产条件的，应当在生产许可项目中特别标注。

第十七条 化妆品生产许可证有效期内，申请人的许可条件发生变化，或者需要变更许可证载明事项的，应当向原发证的药品监督管理部门申请变更。

第十八条 生产许可项目发生变化，可能影响产品质量安全的生产设施设备发生变化，或者在化妆品生产场地原址新建、改建、扩建车间的，化妆品生产企业应当在投入生产前向原发证的药品监督管理部门申请变更，并依照本办法第十条的规定提交与变更有关的资料。原发证的药品监督管理部门应当进行审核，自受理变更申请之日起 30 个工作日内作出是否准予变更的决定，并在化妆品生产许可证副本上予以记录。需要现场核查的，依照本办法第十二条的规定办理。

因生产许可项目等的变更需要进行全面现场核查，经省、自治区、直辖市药品监督管理部门现场核查并符合要求的，颁发新的化妆品生产许可证，许可证编号不变，有效期自发证之日起重新计算。

同一个化妆品生产企业在同一个省、自治区、直辖市申请增加化妆品生产地址的，可以依照本办法的规定办理变更手续。

第十九条 生产企业名称、住所、法定代表人或者负责人等发生变化的，化妆品生产企业应当自发生变化之日起 30 个工作日内向原发证的药品监督管理部门申请变更，并提交与变更有关的资料。原发证的药品监督管理部门应当自受理申请之日起 3 个工作日内办理变更手续。

质量安全负责人、预留的联系方式等发生变化的，化妆品生产企业应当在变化后 10 个工作日内向原发证的药品监督管理部门报告。

第二十条 化妆品生产许可证有效期届满需要延续的，申请人应当在生产许可证有效期届满前 90 个工作日至 30 个工作日期间向所在地省、自治区、直辖市药品监督管理部门提出延续许可申请，并承诺其符合本办法规定的化妆品生产许可条件。申请人应当对提交资料和作出承诺的真实性、合法性负责。

逾期未提出延续许可申请的，不再受理其延续许可申请。

第二十一条 省、自治区、直辖市药品监督管理部门应当自收到延续许可申请后 5 个工作日内对申请资料进行形式审查，符合要求的予以受理，并自受理之日起 10 个工作日内向申请人换发新的化妆品生产许可证。许可证有效期自原许可证有效期届满之日的次日起重新计算。

第二十二条 省、自治区、直辖市药品监督管理部门应当对已延续许可的化妆品生产企业的申报资料和承诺进行监督，发现不符合本办法第九条规定的化妆品生产许可条件的，应当依法撤销化妆品生产许可。

第二十三条 化妆品生产企业有下列情形之一的，原发证的药品监督管理部门应当依法注销其化妆品生产许可证，并在政府网站上予以公布：

（一）企业主动申请注销的；

（二）企业主体资格被依法终止的；

（三）化妆品生产许可证有效期届满未申请延续的；

（四）化妆品生产许可依法被撤回、撤销或者化妆品生产许可证依法被吊销的；

（五）法律法规规定应当注销化妆品生产许可的其他情形。

化妆品生产企业申请注销生产许可时，原发证的药品监督管理部门发现注销可能影响案件查处的，可以暂停办理注销手续。

第三章 化妆品生产

第二十四条 国家药品监督管理局制定化妆品生产质量管理规范，明确质量管理机构与人员、质量保证与控制、厂房设施与设备管理、物料与产品管理、生产过程管理、产品销售管理等要求。

化妆品注册人、备案人、受托生产企业应当按照化妆品生产质量管理规范的要求组织生产化妆品，建立化妆品生产质量管理体系并保证持续有效运行。生产车间等场所不得贮存、生产对化妆品质量有不利影响的产品。

第二十五条 化妆品注册人、备案人、受托生产企业应当建立并执行供应商遴选、原料验收、生产过程及质量控制、设备管理、产品检验及留样等保证化妆品质量安全的管理制度。

第二十六条 化妆品注册人、备案人委托生产化妆品的，应当委托取得相应化妆品生产许可的生产企业生产，并对其生产活动全过程进行监督，对委托生产的化妆品的质量安全负责。受托生产企业应当具备相应的生产条件，并依照法律、法规、强制性国家标准、技术规范和合同约定组织生产，对生产活动负责，接受委托方的监督。

第二十七条 化妆品注册人、备案人、受托生产企业应当建立化妆品质量安全责任制，落实化妆品质量安全主体责任。

化妆品注册人、备案人、受托生产企业的法定代表人、主要负责人对化妆品质量安全工作全面负责。

第二十八条 质量安全负责人按照化妆品质量安全责任制的要求协助化妆品注册人、备案人、受托生产企业法定代表人、主要负责人承担下列相应的产品质量安全管理和产品放行职责：

（一）建立并组织实施本企业质量管理体系，落实质量安全管理责任；

（二）产品配方、生产工艺、物料供应商等的审核管理；

（三）物料放行管理和产品放行；

（四）化妆品不良反应监测管理；

（五）受托生产企业生产活动的监督管理。

质量安全负责人应当具备化妆品、化学、化工、生物、医学、药学、食品、公共卫生或者法学等化妆品质量安全相关专业知识和法律知识，熟悉相关法律、法规、规章、强制性国家标准、技术规范，并具有5年以上化妆品生产或者质量管理经验。

第二十九条 化妆品注册人、备案人、受托生产企业应当建立并执行从业人员健康管理制度，建立从业人员健康档案。健康档案至少保存3年。

直接从事化妆品生产活动的人员应当每年接受健康检查。患有国务院卫生行政主管部门规定的有碍化妆品质量安全疾病的人员不得直接从事化妆品生产活动。

第三十条 化妆品注册人、备案人、受托生产企业应当制定从业人员年度培训计划，开展化妆品法律、法规、规章、强制性国家标准、技术规范等知识培训，并建立培训档案。生产岗位操作人员、检验人员应当具有相应的知识和实际操作技能。

第三十一条 化妆品经出厂检验合格后方可上市销售。

化妆品注册人、备案人应当按照规定对出厂的化妆品留样并记录。留样应当保持原始销售包装且数量满足产品质量检验的要求。留样保存期限不得少于产品使用期限届满后6个月。

委托生产化妆品的，受托生产企业也应当按照前款的规定留样并记录。

第三十二条 化妆品注册人、备案人、受托生产企业应当建立并执行原料以及直接接触化妆品的包装材料进货查验记录制度、产品销售记录制度。进货查验记录和产品销售记录应当真实、完整，保证可追溯，保存期限不得少于产品使用期限期满后1年；产品使用期限不足1年的，记录保存期限不得少于2年。

委托生产化妆品的，原料以及直接接触化妆品的包装材料进货查验等记录可以由受托生产企业保存。

第三十三条 化妆品注册人、备案人、受托生产企业应当每年对化妆品生产质量管理规范的执行情况进行自查。自查报告应当包括发现的问题、产品质量安全评价、整改措施等，保存期限不得少于2年。

经自查发现生产条件发生变化，不再符合化妆品生产质量管理规范要求的，化妆品注册人、备案人、受托生产企业应当立即采取整改措施；发现可能影响化妆品质量安全的，应当立即停止生产，并向所在地省、自治区、直辖市药品监督管理部门报告。影响质量安全的风险因素消除后，方可恢复生产。省、自治区、直辖市药品监督管理部门可以根据实际情况组织现场检查。

第三十四条 化妆品注册人、备案人、受托生产企业连续停产 1 年以上，重新生产前，应当进行全面自查，确认符合要求后，方可恢复生产。自查和整改情况应当在恢复生产之日起 10 个工作日内向所在地省、自治区、直辖市药品监督管理部门报告。

第三十五条 化妆品的最小销售单元应当有中文标签。标签内容应当与化妆品注册或者备案资料中产品标签样稿一致。

化妆品的名称、成分、功效等标签标注的事项应当真实、合法，不得含有明示或者暗示具有医疗作用，以及虚假或者引人误解、违背社会公序良俗等违反法律法规的内容。化妆品名称使用商标的，还应当符合国家有关商标管理的法律法规规定。

第三十六条 供儿童使用的化妆品应当符合法律、法规、强制性国家标准、技术规范以及化妆品生产质量管理规范等关于儿童化妆品质量安全的要求，并按照国家药品监督管理局的规定在产品标签上进行标注。

第三十七条 化妆品的标签存在下列情节轻微，不影响产品质量安全且不会对消费者造成误导的情形，可以认定为化妆品监督管理条例第六十一条第二款规定的标签瑕疵：

（一）文字、符号、数字的字号不规范，或者出现多字、漏字、错别字、非规范汉字的；

（二）使用期限、净含量的标注方式和格式不规范等的；

（三）化妆品标签不清晰难以辨认、识读的，或者部分印字脱落或者粘贴不牢的；

（四）化妆品成分名称不规范或者成分未按照配方含量的降序列出的；

（五）其他违反标签管理规定但不影响产品质量安全且不会对消费者造成误导的情形。

第三十八条 化妆品注册人、备案人、受托生产企业应当采取措施避免产品性状、外观形态等与食品、药品等产品相混淆，防止误食、误用。

生产、销售用于未成年人的玩具、用具等，应当依法标明注意事项，并采取措施防止产品被误用为儿童化妆品。

普通化妆品不得宣称特殊化妆品相关功效。

第四章　化妆品经营

第三十九条　化妆品经营者应当建立并执行进货查验记录制度，查验直接供货者的市场主体登记证明、特殊化妆品注册证或者普通化妆品备案信息、化妆品的产品质量检验合格证明并保存相关凭证，如实记录化妆品名称、特殊化妆品注册证编号或者普通化妆品备案编号、使用期限、净含量、购进数量、供货者名称、地址、联系方式、购进日期等内容。

第四十条　实行统一配送的化妆品经营者，可以由经营者总部统一建立并执行进货查验记录制度，按照本办法的规定，统一进行查验记录并保存相关凭证。经营者总部应当保证所属分店能提供所经营化妆品的相关记录和凭证。

第四十一条　美容美发机构、宾馆等在经营服务中使用化妆品或者为消费者提供化妆品的，应当依法履行化妆品监督管理条例以及本办法规定的化妆品经营者义务。

美容美发机构经营中使用的化妆品以及宾馆等为消费者提供的化妆品应当符合最小销售单元标签的规定。

美容美发机构应当在其服务场所内显著位置展示其经营使用的化妆品的销售包装，方便消费者查阅化妆品标签的全部信息，并按照化妆品标签或者说明书的要求，正确使用或者引导消费者正确使用化妆品。

第四十二条　化妆品集中交易市场开办者、展销会举办者应当建立保证化妆品质量安全的管理制度并有效实施，承担入场化妆品经营者管理责任，督促入场化妆品经营者依法履行义务，每年或者展销会期间至少组织开展一次化妆品质量安全知识培训。

化妆品集中交易市场开办者、展销会举办者应当建立入场化妆品经营者档案，审查入场化妆品经营者的市场主体登记证明，如实记录经营者名称或者姓名、联系方式、住所等信息。入场化妆品经营者档案信息应当及时核验更新，保证真实、准确、完整，保存期限不少于经营者在场内停止经营后 2 年。

化妆品展销会举办者应当在展销会举办前向所在地县级负责药品监督管理的部门报告展销会的时间、地点等基本信息。

第四十三条 化妆品集中交易市场开办者、展销会举办者应当建立化妆品检查制度，对经营者的经营条件以及化妆品质量安全状况进行检查。发现入场化妆品经营者有违反化妆品监督管理条例以及本办法规定行为的，应当及时制止，依照集中交易市场管理规定或者与经营者签订的协议进行处理，并向所在地县级负责药品监督管理的部门报告。

鼓励化妆品集中交易市场开办者、展销会举办者建立化妆品抽样检验、统一销售凭证格式等制度。

第四十四条 电子商务平台内化妆品经营者以及通过自建网站、其他网络服务经营化妆品的电子商务经营者应当在其经营活动主页面全面、真实、准确披露与化妆品注册或者备案资料一致的化妆品标签等信息。

第四十五条 化妆品电子商务平台经营者应当对申请入驻的平台内化妆品经营者进行实名登记，要求其提交身份、地址、联系方式等真实信息，进行核验、登记，建立登记档案，并至少每 6 个月核验更新一次。化妆品电子商务平台经营者对平台内化妆品经营者身份信息的保存时间自其退出平台之日起不少于 3 年。

第四十六条 化妆品电子商务平台经营者应当设置化妆品质量管理机构或者配备专兼职管理人员，建立平台内化妆品日常检查、违法行为制止及报告、投诉举报处理等化妆品质量安全管理制度并有效实施，加强对平台内化妆品经营者相关法规知识宣传。鼓励化妆品电子商务平台经营者开展抽样检验。

化妆品电子商务平台经营者应当依法承担平台内化妆品经营者管理责任，对平台内化妆品经营者的经营行为进行日常检查，督促平台内化妆品经营者依法履行化妆品监督管理条例以及本办法规定的义务。发现违法经营化妆品行为的，应当依法或者依据平台服务协议和交易规则采取删除、屏蔽、断开链接等必要措施及时制止，并报告所在地省、自治区、直辖市药品监督管理部门。

第四十七条 化妆品电子商务平台经营者收到化妆品不良反应信息、投诉举报信息的，应当记录并及时转交平台内化妆品经营者处理；涉及产品质量安全的重大信息，应当及时报告所在地省、自治区、直辖市药品监督管理部门。

负责药品监督管理的部门因监督检查、案件调查等工作需要，要求化妆品电子商务平台经营者依法提供相关信息的，化妆品电子商务平台经营者应当予以协助、配合。

第四十八条 化妆品电子商务平台经营者发现有下列严重违法行为的，应当立即停止向平台内化妆品经营者提供电子商务平台服务：

（一）因化妆品质量安全相关犯罪被人民法院判处刑罚的；

（二）因化妆品质量安全违法行为被公安机关拘留或者给予其他治安管理处罚的；

（三）被药品监督管理部门依法作出吊销许可证、责令停产停业等处罚的；

（四）其他严重违法行为。

因涉嫌化妆品质量安全犯罪被立案侦查或者提起公诉，且有证据证明可能危害人体健康的，化妆品电子商务平台经营者可以依法或者依据平台服务协议和交易规则暂停向平台内化妆品经营者提供电子商务平台服务。

化妆品电子商务平台经营者知道或者应当知道平台内化妆品经营者被依法禁止从事化妆品生产经营活动的，不得向其提供电子商务平台服务。

第四十九条 以免费试用、赠予、兑换等形式向消费者提供化妆品的，应当依法履行化妆品监督管理条例以及本办法规定的化妆品经营者义务。

第五章 监督管理

第五十条 负责药品监督管理的部门应当按照风险管理的原则，确定监督检查的重点品种、重点环节、检查方式和检查频次等，加强对化妆品生产经营者的监督检查。

必要时，负责药品监督管理的部门可以对化妆品原料、直接接触化妆品的包装材料的供应商、生产企业开展延伸检查。

第五十一条 国家药品监督管理局根据法律、法规、规章、强制性国家标准、技术规范等有关规定，制定国家化妆品生产质量管理规范检查要点等监督检查要点，明确监督检查的重点项目和一般项目，以及监督检查的判定原则。省、自治区、直辖市药品监督管理部门可以结合实际，细化、补充本行政区域化妆品监督检查要点。

第五十二条 国家药品监督管理局组织开展国家化妆品抽样检验。省、自治区、直辖市药品监督管理部门组织开展本行政区域内的化妆品抽样检验。设区的市级、县级人民政府负责药品监督的部门根据工作需要，可以组织开展本行政区域内的化妆品抽样检验。

对举报反映或者日常监督检查中发现问题较多的化妆品，以及通过不良反应监测、安全风险监测和评价等发现可能存在质量安全问题的化妆品，负责药品监督管理的部门可以进行专项抽样检验。

负责药品监督管理的部门应当按照规定及时公布化妆品抽样检验结果。

第五十三条 化妆品抽样检验结果不合格的，化妆品注册人、备案人应当依照化妆品监督管理条例第四十四条的规定，立即停止生产，召回已经上市销售的化妆品，通知相关经营者和消费者停止经营、使用，按照本办法第三十三条第二款的规定开展自查，并进行整改。

第五十四条 对抽样检验结论有异议申请复检的，申请人应当向复检机构先行支付复检费用。复检结论与初检结论一致的，复检费用由复检申请人承担。复检结论与初检结论不一致的，复检费用由实施抽样检验的药品监督管理部门承担。

第五十五条 化妆品不良反应报告遵循可疑即报的原则。国家药品监督管理局建立并完善化妆品不良反应监测制度和化妆品不良反应监测信息系统。

第五十六条 未经化妆品生产经营者同意，负责药品监督管理的部门、专业技术机构及其工作人员不得披露在监督检查中知悉的化妆品生产经营者的商业秘密，法律另有规定或者涉及国家安全、重大社会公共利益的除外。

第六章 法律责任

第五十七条 化妆品生产经营的违法行为，化妆品监督管理条例等法律法规已有规定的，依照其规定。

第五十八条 违反本办法第十七条、第十八条第一款、第十九条第一款，化妆品生产企业许可条件发生变化，或者需要变更许可证载明的事项，未按规定申请变更的，由原发证的药品监督管理部门责令改正，给予警告，并处1万元以上3万元以下罚款。

违反本办法第十九条第二款，质量安全负责人、预留的联系方式发生变化，未按规定报告的，由原发证的药品监督管理部门责令改正；拒不改正的，给予警告，并处5000元以下罚款。

化妆品生产企业生产的化妆品不属于化妆品生产许可证上载明的许可项目划分单元，未经许可擅自迁址，或者化妆品生产许可有效期届满且未获得延续许可的，视为未经许可从事化妆品生产活动。

第五十九条 监督检查中发现化妆品注册人、备案人、受托生产企业违反化妆品生产质量管理规范检查要点，未按照化妆品生产质量管理规范的要求组织生产的，由负责药品监督管理的部门依照化妆品监督管理条例第六十条第三项的规定处罚。

监督检查中发现化妆品注册人、备案人、受托生产企业违反国家化妆品生产质量管理规范检查要点中一般项目规定，违法行为轻微并及时改正，没有造成危害后果的，不予行政处罚。

第六十条 违反本办法第四十二条第三款，展销会举办者未按要求向所在地负责药品监督管理的部门报告展销会基本信息的，由负责药品监督管理的部门责令改正，给予警告；拒不改正的，处5000元以上3万元以下罚款。

第六十一条 有下列情形之一的，属于化妆品监督管理条例规定的情节严重情形：

（一）使用禁止用于化妆品生产的原料、应当注册但未经注册的新原料生产儿童化妆品，或者在儿童化妆品中非法添加可能危害人体健康的物质；

（二）故意提供虚假信息或者隐瞒真实情况；

（三）拒绝、逃避监督检查；

（四）因化妆品违法行为受到行政处罚后1年内又实施同一性质的违法行为，或者因违反化妆品质量安全法律、法规受到刑事处罚后又实施化妆品质量安全违法行为；

（五）其他情节严重的情形。

对情节严重的违法行为处以罚款时，应当依法从重从严。

第六十二条 化妆品生产经营者违反法律、法规、规章、强制性国家标准、技术规范，属于初次违法且危害后果轻微并及时改正的，可以不予行政处罚。

当事人有证据足以证明没有主观过错的，不予行政处罚。法律、行政法规另有规定的，从其规定。

第七章　附　　则

第六十三条　配制、填充、灌装化妆品内容物，应当取得化妆品生产许可证。标注标签的生产工序，应当在完成最后一道接触化妆品内容物生产工序的化妆品生产企业内完成。

第六十四条　化妆品监督管理条例第六十条第二项规定的化妆品注册、备案资料载明的技术要求，是指对化妆品质量安全有实质性影响的技术性要求。

第六十五条　化妆品生产许可证编号的编排方式为：X 妆 XXXXXXXX。其中，第一位 X 代表许可部门所在省、自治区、直辖市的简称，第二位到第五位 X 代表 4 位数许可年份，第六位到第九位 X 代表 4 位数许可流水号。

第六十六条　本办法自 2022 年 1 月 1 日起施行。

化妆品网络经营监督管理办法

（2023 年 3 月 31 日国家药监局公告 2023 年第 36 号公布　自 2023 年 9 月 1 日起施行）

第一章　总　　则

第一条　为规范化妆品网络经营和化妆品电子商务平台服务行为，保证化妆品质量安全，保障消费者健康，根据《中华人民共和国电子商务法》《化妆品监督管理条例》《化妆品生产经营监督管理办法》《网络交易监督管理办法》等法律法规和规章，制定本办法。

第二条　在中华人民共和国境内从事化妆品网络经营、提供化妆品电子商务平台服务及其监督管理，适用本办法。

第三条 化妆品电子商务经营者包括化妆品电子商务平台经营者、平台内化妆品经营者以及通过自建网站、其他网络服务经营化妆品的电子商务经营者。通过自建网站以及其他网络服务经营化妆品的，应当履行本办法规定的平台内化妆品经营者的义务。

第四条 负责药品监督管理的部门应当坚持鼓励创新、包容审慎、严守底线、线上线下一体化监管的原则，鼓励利用信息化技术手段开展监督管理工作，保证化妆品质量安全。

第五条 国家药品监督管理局负责组织指导全国化妆品网络经营、化妆品电子商务平台服务的监督管理工作。

县级以上地方人民政府负责药品监督管理的部门依职责负责本行政区域内化妆品网络经营、化妆品电子商务平台服务的监督管理工作。

第六条 化妆品电子商务经营者从事化妆品网络经营活动、提供化妆品电子商务平台服务，应当遵守化妆品法律、法规、规章、强制性国家标准和技术规范，依法诚信经营，保证化妆品质量安全。

第七条 负责药品监督管理的部门应当与相关部门加强协作，引导行业组织、消费者组织等共同参与化妆品网络经营市场环境治理，加强行业自律和诚信建设，促进化妆品安全社会共治。

第二章　化妆品电子商务平台经营者管理

第八条 化妆品电子商务平台经营者应当依法承担平台内化妆品经营者管理责任，建立实名登记、日常检查、违法行为制止及报告、投诉举报处理等化妆品质量安全管理制度并有效实施。

化妆品电子商务平台经营者应当依照《中华人民共和国电子商务法》有关要求制定平台服务协议和交易规则，其中有关进入和退出平台、商品和服务质量保障、消费者权益保护等内容应当包括平台内化妆品经营者主体资质审核、产品信息发布规则、违法行为处置等方面的要求。

第九条 化妆品电子商务平台经营者应当设置化妆品质量安全管理机构，或者配备专兼职质量安全管理人员。化妆品质量安全管理机构或者质量安全管理人员负责建立并实施化妆品质量安全管理制度，并组织开展平台内化妆品经营者的日常检查。

第十条 化妆品电子商务平台经营者应当要求申请入驻平台的化妆品经营者提交身份、地址、联系方式等真实信息，进行核验、登记，建立登记档案，并至少每6个月核验更新一次。化妆品电子商务平台经营者对平台内化妆品经营者身份信息的保存时间自其退出平台之日起不少于3年。

第十一条 化妆品电子商务平台经营者应当建立平台内化妆品经营者日常检查制度，日常检查包括入网产品信息发布检查、日常经营行为检查等。

日常检查应当制定检查计划，明确检查对象、检查频次、检查内容，并形成检查记录。检查记录应当至少包括检查的平台内化妆品经营者身份信息、检查内容、检查结果、处置措施等信息，记录保存期限不得少于2年。

第十二条 化妆品电子商务平台经营者应当在平台内化妆品经营者入驻平台发布化妆品产品信息时开展检查，核实平台内化妆品经营者发布的产品名称、特殊化妆品注册证编号、产品执行的标准编号等信息与国家药品监督管理局官方网站公布的相应产品信息的一致性。鼓励化妆品电子商务平台经营者利用信息化等技术手段开展入网产品发布信息检查。

第十三条 化妆品电子商务平台经营者应当根据产品风险情况，定期组织对平台内化妆品经营者开展日常经营行为检查，重点检查以下内容：

（一）检查平台内化妆品经营者经营的化妆品是否存在未经注册

或者未备案、冒用他人化妆品注册证编号或者备案编号等情况；

（二）检查平台内化妆品经营者展示的化妆品标签等信息是否与国家药品监督管理局官方网站公布的相应产品信息一致；

（三）检查平台内化妆品经营者展示的化妆品标签信息是否存在明示或者暗示具有医疗作用、虚假或者引人误解、违反社会公序良俗等法律法规禁止标注的内容。

鼓励化妆品电子商务平台经营者定期对入网经营的化妆品采取抽样检验等方式进行质量安全监测，排查入网化妆品的产品质量安全风险。

第十四条 化妆品电子商务平台经营者应当主动收集省级以上药品监督管理部门发布的关于抽样检验、暂停或者停止经营化妆品等涉及产品质量安全的监管公开信息，并及时开展平台内自查。

第十五条 化妆品电子商务平台经营者通过开展日常检查、监管公开信息自查等质量安全管理活动或者收到负责药品监督管理的部门信息通报等方式，发现平台内化妆品经营者存在违法经营化妆品行为的，应当依法或者依据平台服务协议和交易规则采取删除、屏蔽、断开链接等必要措施及时制止。

化妆品电子商务平台经营者发现有下列严重违法行为的，应当依法或者依据平台服务协议和交易规则立即停止向平台内化妆品经营者提供电子商务平台服务：

（一）因化妆品质量安全相关犯罪被人民法院判处刑罚的；

（二）因化妆品质量安全违法行为被公安机关拘留或者给予其他治安管理处罚的；

（三）被负责药品监督管理的部门依法作出吊销许可证、责令停产停业等处罚的；

（四）其他严重违法行为。

第十六条 化妆品电子商务平台经营者对发现的违法经营化妆品行为采取措施及时制止后，对于下列涉及产品质量安全重大信息的情形，应当自发现之日起 10 日内将相关情况及平台内化妆品经营者涉嫌违法经营的线索报告平台内化妆品经营者实际经营地省级药品监督管理部门，内容包括涉及平台内化妆品经营者的主体信息、涉及产品的信息、质量安全重大信息相关情况说明、化妆品电子商务平台经营者已做出的处置措施等信息：

（一）因使用入网经营的化妆品导致人体全身性损害、危及生命或者造成死亡的；

（二）有证据表明入网经营的化妆品中使用禁用原料或者非法添加可能危害人体健康物质的；

（三）入网经营的化妆品存在其他重大产品质量安全问题。

负责药品监督管理的部门应当对涉嫌违法经营的线索进行调查处理，经调查认为平台内化妆品经营者存在违法行为的，应当将调查处理结果及时通知化妆品电子商务平台经营者。

第十七条 化妆品电子商务平台经营者应当每季度将本平台发现的平台内化妆品经营者违法经营行为以及处置措施书面报告化妆品电子商务平台经营者住所地省级药品监督管理部门。

化妆品电子商务平台经营者住所地省级药品监督管理部门应当审核化妆品电子商务平台经营者的书面报告，发现化妆品电子商务平台经营者未采取必要措施及时制止违法行为或者未按要求向省级药品监督管理部门报告涉嫌违法经营线索的，化妆品电子商务平台经营者住所地省级药品监督管理部门应当依法进行调查处理。

第十八条 化妆品电子商务平台经营者应当为平台内化妆品经营者依法履行化妆品信息披露等义务提供必要的技术支持和服务。

鼓励化妆品电子商务平台经营者与负责药品监督管理的部门建立开放数据接口等形式的自动化信息报送机制。

第十九条 化妆品电子商务平台经营者应当加强对平台内化妆品经营者相关法规知识的宣传培训，宣传培训内容应当包括化妆品相关法律法规、平台内化妆品经营者法律义务和法律责任、平台服务协议和交易规则、化妆品信息发布要求等。

第三章　平台内化妆品经营者管理

第二十条　平台内化妆品经营者应当建立并执行进货查验记录制度，查验直接供货者的市场主体登记证明、特殊化妆品注册证或者普通化妆品备案信息、化妆品的产品质量检验合格证明并保存相关凭证，如实记录化妆品名称、特殊化妆品注册证编号或者普通化妆品备案编号、使用期限、净含量、购进数量、供货者名称、地址、联系方式、购进日期等内容。经营儿童化妆品的，还应当查验儿童化妆品标志，并对所经营儿童化妆品标签信息与国家药品监督管理局官方网站上公布的相应产品信息进行核对。

第二十一条　平台内化妆品经营者应当履行化妆品信息披露的义务，全面、真实、准确、清晰、及时披露与注册或者备案资料一致的化妆品标签等信息。披露的化妆品标签信息应当包含其所经营化妆品标签的全部内容，其中产品名称、产品执行的标准编号应当在其产品展示页面显著位置以文字形式展示；披露的其他有关产品安全、功效宣称的信息应当与其所经营化妆品的注册或者备案资料中标签信息和功效宣称依据摘要的相关内容一致。

鼓励平台内化妆品经营者展示其所经营化妆品的特殊化妆品注册证或者普通化妆品备案信息。

第二十二条　平台内化妆品经营者应当积极配合化妆品电子商务平台经营者开展日常检查、监管公开信息自查等质量安全管理活动，及时、准确地向化妆品电子商务平台经营者提供相关产品信息，并配合化妆品电子商务平台经营者采取必要措施控制风险。

平台内化妆品经营者应当关注所经营化妆品涉及产品质量安全的监管公开信息，对于经负责药品监督管理的部门抽样检验认定为不符合规定的特定批次化妆品，平台内化妆品经营者应当立即停止经营。抽样检验涉及检出禁用原料或者可能危害人体健康物质、儿童化妆品不符合规定等情形的，平台内化妆品经营者应当立即停止经营不符合规定的特定批次产品；对于同一品种的其他批次产品，平台内化妆品经营者仍继续经营的，应当以显著方式对该化妆品抽样检验不符合规定的监管公开信息或者化妆品注册人、备案人针对产品抽样检验不符合规定开展自查的情况报告予以公示，相关信息应当持续公示一年，供消费者选购时参考。

第二十三条 平台内化妆品经营者发现所销售化妆品存在质量缺陷或者其他问题，可能危害人体健康的，应当立即停止经营，并通知相关化妆品注册人、备案人。化妆品注册人、备案人应当依法实施召回。化妆品注册人、备案人、平台内化妆品经营者未依法实施召回或者停止经营的，负责药品监督管理的部门责令其实施召回或者停止经营。

第二十四条 平台内化妆品经营者应当依照有关法律法规的规定和化妆品标签标示的要求贮存、运输化妆品，定期检查并及时处理变质或者超过使用期限的化妆品。

第四章 监督管理

第二十五条 负责药品监督管理的部门依法对化妆品电子商务经营者实施监督检查。

国家药品监督管理局组织各级负责药品监督管理的部门利用技术手段加强对化妆品网络经营和化妆品电子商务平台服务等活动的网络监测。负责药品监督管理的部门应当加强与化妆品电子商务平台经营者信息共享，鼓励其对本平台内化妆品经营者的经营行为开展网络监测。

负责药品监督管理的部门对监督检查、网络经营监测发现的违法行为，依法进行调查处理。

第二十六条 负责药品监督管理的部门对化妆品电子商务经营

者进行监督检查时，有权依法采取下列措施：

（一）对开展化妆品网络经营和化妆品电子商务平台服务有关场所实施现场检查；

（二）对网络经营的化妆品进行抽样检验；

（三）查阅、复制与涉嫌违法的化妆品网络经营活动有关的合同、票据、账簿等有关资料；

（四）收集、调取、复制与涉嫌违法的化妆品网络经营活动有关的电子数据；

（五）询问涉嫌从事违法化妆品网络经营活动的当事人，向与涉嫌违法的化妆品网络经营活动有关的自然人、法人和非法人组织调查了解有关情况；

（六）对不符合强制性国家标准、技术规范或者有证据证明可能危害人体健康的化妆品及其原料、直接接触化妆品的包装材料，以及有证据证明用于违法生产经营的工具、设备依法采取查封、扣押措施；

（七）对违法从事化妆品网络经营活动的场所依法查封；

（八）法律、法规规定可以采取的其他措施。

第二十七条 化妆品电子商务平台经营者和通过自建网站、其他网络服务经营化妆品的化妆品电子商务经营者的违法行为由其住所地县级以上负责药品监督管理的部门管辖，其中化妆品电子商务平台经营者未依照化妆品监督管理条例规定履行实名登记、制止、报告、停止提供电子商务平台服务等管理义务的违法行为，由其住所地省级药品监督管理部门管辖。

平台内化妆品经营者的违法行为由其实际经营地县级以上负责药品监督管理的部门管辖。化妆品电子商务平台经营者住所地县级以上负责药品监督管理的部门先行发现违法线索或者收到投诉、举报的，也可以进行管辖。

不具备管辖权的负责药品监督管理的部门先行发现平台内化妆品经营者涉嫌违法经营线索的，应当初步收集和固定证据，并将涉嫌违法的平台内化妆品经营者实际经营地址、产品页面图片、网址链接等移交至平台内化妆品经营者实际经营地县级以上负责药品监督管理的部门。

第二十八条 平台内化妆品经营者实际经营地负责药品监督管理的部门经调查认为平台内化妆品经营者的违法经营行为涉及化妆品质量安全的，应当及时向化妆品标签标示的化妆品注册人、备案人、境内责任人住所地同级负责药品监督管理的部门通报相关信息。化妆品注册人、备案人、境内责任人住所地负责药品监督管理的部门收到通报信息后，应当及时组织开展监督检查，依法查处违法行为。

第二十九条 负责药品监督管理的部门发现平台内化妆品经营者所经营化妆品造成人体伤害或者有证据证明可能危害人体健康，依法要求化妆品电子商务平台经营者采取必要处置措施控制风险的，化妆品电子商务平台经营者应当予以配合。

负责药品监督管理的部门发现存在本条第一款情形的，经研判认为需要采取必要处置措施控制风险的，应当逐级报告其所在地省级药品监督管理部门，省级药品监督管理部门将相关产品情况通知化妆品电子商务平台经营者。化妆品电子商务平台经营者应当依法或者依据平台服务协议和交易规则采取删除、屏蔽、断开连接等必要措施控制产品风险。

第三十条 省级、设区的市级负责药品监督管理的部门因监督检查、案件调查等工作，需要调取平台内化妆品经营者信息、产品信息、交易记录、物流快递等相关信息的，应当向化妆品电子商务平台经营者出具协助调查函，说明需要调取的材料、信息和时限要求。化妆品电子商务平台经营者应当予以提供，并在技术方面配合负责药品监督管理的部门开展化妆品网络经营违法行为监测工作。县级负责药品监督管理的部门因监督检查、案件调查等工作需要调取相关信息的，应当报告所在地设区的市级负责药品监督管理的部门，由设区的市级负责药品监督管理的部门协助调取相关信息。

化妆品电子商务平台经营者未按要求提供有关材料、信息的，负责开展调查的省级药品监督管理部门应当将有关情况通报化妆品电子商务平台经营者住所地省级药品监督管理部门。化妆品电子商务平台经营者住所地省级药品监督管理部门应当依法进行调查处理。

第三十一条 负责药品监督管理的部门应当在化妆品网络经营日常监督管理和案件调查中加强协同配合。

化妆品电子商务平台经营者住所地省级药品监督管理部门应当向其他省级药品监督管理部门及时通报本行政区域内化妆品电子商务平台经营者设置的化妆品质量安全管理机构负责人或者质量安全管理人员信息。

第三十二条 对网络经营的化妆品进行抽样检验按照化妆品抽样检验有关规定执行。

第三十三条 负责药品监督管理的部门对化妆品网络经营行为的技术监测记录资料，可以作为实施行政处罚或者采取行政措施的电子数据证据。

第五章 附 则

第三十四条 从事跨境电子商务零售进口化妆品的，不适用本办法，应当遵守国家有关跨境电子商务零售进口商品监管的有关规定。

第三十五条 本办法自 2023 年 9 月 1 日起施行。

进出口化妆品检验检疫监督管理办法

（2011 年 8 月 10 日国家质量监督检验检疫总局令第 143 号公布　根据 2018 年 4 月 28 日《海关总署关于修改部分规章的决定》第一次修正　根据 2018 年 5 月 29 日《海关总署关于修改部分规章的决定》第二次修正　根据 2018 年 11 月 23 日《海关总署关于修改部分规章的决定》第三次修正）

第一章　总　　则

第一条　为保证进出口化妆品的安全卫生质量，保护消费者身体健康，根据《中华人民共和国进出口商品检验法》及其实施条例、《化妆品卫生监督条例》和《国务院关于加强食品等产品安全监督管理的特别规定》等法律、行政法规的规定，制定本办法。

第二条　本办法适用于列入海关实施检验检疫的进出境商品目录及有关国际条约、相关法律、行政法规规定由海关检验检疫的化妆品（包括成品和半成品）的检验检疫及监督管理。

第三条　海关总署主管全国进出口化妆品检验检疫监督管理工作。

主管海关负责所辖区域进出口化妆品检验检疫监督管理工作。

第四条　进出口化妆品生产经营者应当依照法律、行政法规和相关标准从事生产经营活动，保证化妆品安全，对社会和公众负责，接受社会监督，承担社会责任。

第二章　进口化妆品检验检疫

第五条　主管海关根据我国国家技术规范的强制性要求以及我

国与出口国家（地区）签订的协议、议定书规定的检验检疫要求对进口化妆品实施检验检疫。

我国尚未制定国家技术规范强制性要求的，可以参照海关总署指定的国外有关标准进行检验。

第六条 进口化妆品由口岸海关实施检验检疫。海关总署根据便利贸易和进口检验工作的需要，可以指定在其他地点检验。

第七条 海关对进口化妆品的收货人实施备案管理。进口化妆品的收货人应当如实记录进口化妆品流向，记录保存期限不得少于2年。

第八条 进口化妆品的收货人或者其代理人应当按照海关总署相关规定报检，同时提供收货人备案号。

其中首次进口的化妆品应当符合下列要求：

（一）国家实施卫生许可的化妆品，应当取得国家相关主管部门批准的进口化妆品卫生许可批件，海关对进口化妆品卫生许可批件电子数据进行系统自动比对验核；

（二）国家实施备案的化妆品，应当凭备案凭证办理报检手续；

（三）国家没有实施卫生许可或者备案的化妆品，应当提供下列材料：

1. 具有相关资质的机构出具的可能存在安全性风险物质的有关安全性评估资料；

2. 在生产国家（地区）允许生产、销售的证明文件或者原产地证明；

（四）销售包装化妆品成品除前三项外，还应当提交中文标签样张和外文标签及翻译件；

（五）非销售包装的化妆品成品还应当提供包括产品的名称、数/重量、规格、产地、生产批号和限期使用日期（生产日期和保质期）、加施包装的目的地名称、加施包装的工厂名称、地址、联系方式。

第九条 进口化妆品在取得检验检疫合格证明之前，应当存放在海关指定或者认可的场所，未经海关许可，任何单位和个人不得擅自调离、销售、使用。

第十条 海关受理报检后，对进口化妆品进行检验检疫，包括现场查验、抽样留样、实验室检验、出证等。

第十一条 现场查验内容包括货证相符情况、产品包装、标签版面格式、产品感官性状、运输工具、集装箱或者存放场所的卫生状况。

第十二条 进口化妆品成品的标签标注应当符合我国相关的法律、行政法规及国家技术规范的强制性要求。海关对化妆品标签内容是否符合法律、行政法规规定要求进行审核，对与质量有关的内容的真实性和准确性进行检验。

第十三条 进口化妆品的抽样应当按照国家有关规定执行，样品数量应当满足检验、复验、备查等使用需要。以下情况，应当加严抽样：

（一）首次进口的；

（二）曾经出现质量安全问题的；

（三）进口数量较大的。

抽样时，海关应当出具印有序列号、加盖检验检疫业务印章的《抽/采样凭证》，抽样人与收货人或者其代理人应当双方签字。

样品应当按照国家相关规定进行管理，合格样品保存至抽样后4个月，特殊用途化妆品合格样品保存至证书签发后一年，不合格样品应当保存至保质期结束。涉及案件调查的样品，应当保存至案件结束。

第十四条 需要进行实验室检验的，海关应当确定检验项目和检验要求，并将样品送具有相关资质的检验机构。检验机构应当按照要求实施检验，并在规定时间内出具检验报告。

第十五条 进口化妆品经检验检疫合格的，海关出具《入境货物检验检疫证明》，并列明货物的名称、品牌、原产国家（地区）、规格、数/重量、生产批号/生产日期等。进口化妆品取得《入境货物检验检疫证明》后，方可销售、使用。

进口化妆品经检验检疫不合格，涉及安全、健康、环境保护项目的，由海关责令当事人销毁，或者出具退货处理通知单，由当事人办理退运手续。其他项目不合格的，可以在海关的监督下进行技术处理，经重新检验检疫合格后，方可销售、使用。

第十六条 免税化妆品的收货人在向所在地直属海关申请备案时，应当提供本企业名称、地址、法定代表人、主管部门、经营范围、联系人、联系方式、产品清单等相关信息。

第十七条 离境免税化妆品应当实施进口检验，可免于加贴中文标签，免于标签的符合性检验。在《入境货物检验检疫证明》上注明该批产品仅用于离境免税店销售。

首次进口的离境免税化妆品，应当提供供货人出具的产品质量安全符合我国相关规定的声明、国外官方或者有关机构颁发的自由销售证明或者原产地证明、具有相关资质的机构出具的可能存在安全性风险物质的有关安全性评估资料、产品配方等。

海关总署对离岛免税化妆品实施检验检疫监督管理，具体办法另行制定。

第三章　出口化妆品检验检疫

第十八条 出口化妆品生产企业应当保证其出口化妆品符合进口国家（地区）标准或者合同要求。进口国家（地区）无相关标准且合同未有要求的，可以由海关总署指定相关标准。

第十九条 海关总署对出口化妆品生产企业实施备案管理。具体办法由海关总署另行制定。

第二十条 出口化妆品由产地海关实施检验检疫，口岸海关实施口岸查验。

口岸海关应当将查验不合格信息通报产地海关，并按规定将不合格信息上报上级海关。

第二十一条 出口化妆品生产企业应当建立质量管理体系并持续有效运行。海关对出口化妆品生产企业质量管理体系及运行情况进行日常监督检查。

第二十二条 出口化妆品生产企业应当建立原料采购、验收、使用管理制度，要求供应商提供原料的合格证明。

出口化妆品生产企业应当建立生产记录档案，如实记录化妆品生产过程的安全管理情况。

出口化妆品生产企业应当建立检验记录制度，依照相关规定要求对其出口化妆品进行检验，确保产品合格。

上述记录应当真实，保存期不得少于2年。

第二十三条 出口化妆品的发货人或者其代理人应当按照海关总署相关规定报检。其中首次出口的化妆品应当提供以下文件：

（一）出口化妆品生产企业备案材料；

（二）自我声明。声明企业已经取得化妆品生产许可证，且化妆品符合进口国家（地区）相关法规和标准的要求，正常使用不会对人体健康产生危害等内容；

（三）销售包装化妆品成品应当提交外文标签样张和中文翻译件。

第二十四条 海关受理报检后，对出口化妆品进行检验检疫，包括现场查验、抽样留样、实验室检验、出证等。

第二十五条 现场查验内容包括货证相符情况、产品感官性状、产品包装、标签版面格式、运输工具、集装箱或者存放场所的卫生状况。

第二十六条 出口化妆品的抽样应当按照国家有关规定执行，样品数量应当满足检验、复验、备查等使用需要。

抽样时，海关应当出具印有序列号、加盖检验检疫业务印章的《抽/采样凭证》，抽样人与发货人或者其代理人应当双方签字。

样品应当按照国家相关规定进行管理，合格样品保存至抽样后4

个月，特殊用途化妆品合格样品保存至证书签发后一年，不合格样品应当保存至保质期结束。涉及案件调查的样品，应当保存至案件结束。

第二十七条 需要进行实验室检验的，海关应当确定检验项目和检验要求，并将样品送具有相关资质的检验机构。检验机构应当按照要求实施检验，并在规定时间内出具检验报告。

第二十八条 出口化妆品经检验检疫合格，进口国家（地区）对检验检疫证书有要求的，应当按照要求同时出具有关检验检疫证书。

出口化妆品经检验检疫不合格的，可以在海关的监督下进行技术处理，经重新检验检疫合格的，方准出口。不能进行技术处理或者技术处理后重新检验仍不合格的，不准出口。

第二十九条 来料加工全部复出口的化妆品，来料进口时，能够提供符合拟复出口国家（地区）法规或者标准的证明性文件的，可免于按照我国标准进行检验；加工后的产品，按照进口国家（地区）的标准进行检验检疫。

第四章 非贸易性化妆品检验检疫

第三十条 化妆品卫生许可或者备案用样品、企业研发和宣传用的非试用样品，进口报检时应当由收货人或者其代理人提供样品的使用和处置情况说明及非销售使用承诺书，入境口岸海关进行审核备案，数量在合理使用范围的，可免于检验。收货人应当如实记录化妆品流向，记录保存期限不得少于2年。

第三十一条 进口非试用或者非销售用的展品，报检时应当提供展会主办（主管）单位出具的参展证明，可以免予检验。展览结束后，在海关监督下作退回或者销毁处理。

第三十二条 携带、邮寄进境的个人自用化妆品（包括礼品），需要在入境口岸实施检疫的，应当实施检疫。

第三十三条 外国及国际组织驻华官方机构进口自用化妆品，进境口岸所在地海关实施查验。符合外国及国际组织驻华官方机构自用物品进境检验检疫相关规定的，免于检验。

第五章 监督管理

第三十四条 报检人对检验结果有异议而申请复验的，按照国家有关规定进行复验。

第三十五条 海关对进出口化妆品的生产经营者实施分类管理制度。

第三十六条 海关对进口化妆品的收货人、出口化妆品的生产企业和发货人实施诚信管理。对有不良记录的，应当加强检验检疫和监督管理。

第三十七条 海关总署对进出口化妆品安全实施风险监测制度，组织制定和实施年度进出口化妆品安全风险监控计划。主管海关根据海关总署进出口化妆品安全风险监测计划，组织对本辖区进出口化妆品实施监测并上报结果。

主管海关应当根据进出口化妆品风险监测结果，在风险分类的基础上调整对进出口化妆品的检验检疫和监管措施。

第三十八条 海关总署对进出口化妆品建立风险预警与快速反应机制。进出口化妆品发生质量安全问题，或者国内外发生化妆品质量安全问题可能影响到进出口化妆品安全时，海关总署和主管海关应当及时启动风险预警机制，采取快速反应措施。

第三十九条 海关总署可以根据风险类型和程度，决定并公布采取以下快速反应措施：

（一）有条件地限制进出口，包括严密监控、加严检验、责令召回等；

（二）禁止进出口，就地销毁或者作退运处理；

（三）启动进出口化妆品安全应急预案。

主管海关负责快速反应措施的实施工作。

第四十条 对不确定的风险，海关总署可以参照国际通行做法在未经风险评估的情况下直接采取临时性或者应急性的快速反应措施。同时，及时收集和补充有关信息和资料，进行风险评估，确定风险的类型和程度。

第四十一条 进口化妆品存在安全问题，可能或者已经对人体健康和生命安全造成损害的，收货人应当主动召回并立即向所在地海关报告。收货人应当向社会公布有关信息，通知销售者停止销售，告知消费者停止使用，做好召回记录。收货人不主动召回的，主管海关可以责令召回。必要时，由海关总署责令其召回。

出口化妆品存在安全问题，可能或者已经对人体健康和生命安全造成损害的，出口化妆品生产企业应当采取有效措施并立即向所在地海关报告。

主管海关应当将辖区内召回情况及时向海关总署报告。

第四十二条 海关对本办法规定必须经海关检验的进出口化妆品以外的进出口化妆品，根据国家规定实施抽查检验。

第六章 法律责任

第四十三条 未经海关许可，擅自将尚未经海关检验合格的进口化妆品调离指定或者认可监管场所，有违法所得的，由海关处违法所得3倍以下罚款，最高不超过3万元；没有违法所得的，处1万元以下罚款。

第四十四条 将进口非试用或者非销售用的化妆品展品用于试用或者销售，有违法所得的，由海关处违法所得3倍以下罚款，最高不超过3万元；没有违法所得的，处1万元以下罚款。

第四十五条 不履行退运、销毁义务的，由海关处以1万元以下罚款。

第四十六条 海关工作人员泄露所知悉的商业秘密的，依法给予行政处分，有违法所得的，没收违法所得；构成犯罪的，依法追究刑事责任。

第四十七条 进出口化妆品生产经营者、检验检疫工作人员有其他违法行为的，按照相关法律、行政法规的规定处理。

第七章 附 则

第四十八条 本办法下列用语的含义是：

（一）化妆品是指以涂、擦、散布于人体表面任何部位（表皮、毛发、指趾甲、口唇等）或者口腔粘膜、牙齿，以达到清洁、消除不良气味、护肤、美容和修饰目的的产品；

（二）化妆品半成品是指除最后一道“灌装”或者“分装”工序外，已完成其他全部生产加工工序的化妆品；

（三）化妆品成品包括销售包装化妆品成品和非销售包装化妆品成品；

（四）销售包装化妆品成品是指以销售为主要目的，已有销售包装，与内装物一起到达消费者手中的化妆品成品；

（五）非销售包装化妆品成品是指最后一道接触内容物的工序已经完成，但尚无销售包装的化妆品成品。

第四十九条 本办法由海关总署负责解释。

第五十条 本办法自2012年2月1日起施行。原国家出入境检验检疫局2000年4月1日施行的《进出口化妆品监督检验管理办法》（局令21号）同时废止。

儿童化妆品监督管理规定

（2021 年 9 月 30 日国家药监局公告 2021 年第 123 号公布　自 2022 年 1 月 1 日起施行）

第一条　为了规范儿童化妆品生产经营活动，加强儿童化妆品监督管理，保障儿童使用化妆品安全，根据《化妆品监督管理条例》等法律法规，制定本规定。

第二条　在中华人民共和国境内从事儿童化妆品生产经营活动及其监督管理，应当遵守本规定。

第三条　本规定所称儿童化妆品，是指适用于年龄在 12 岁以下（含 12 岁）儿童，具有清洁、保湿、爽身、防晒等功效的化妆品。

标识“适用于全人群”“全家使用”等词语或者利用商标、图案、谐音、字母、汉语拼音、数字、符号、包装形式等暗示产品使用人群包含儿童的产品按照儿童化妆品管理。

第四条　化妆品注册人、备案人对儿童化妆品的质量安全和功效宣称负责。

化妆品生产经营者应当依照法律、法规、强制性国家标准、技术规范从事生产经营活动，加强儿童化妆品质量管理，诚信自律，保证产品质量安全。

化妆品生产经营者应当建立并执行进货查验记录等制度，确保儿童化妆品可追溯。鼓励化妆品生产经营者采用信息化手段采集、保存生产经营信息，建立儿童化妆品质量安全追溯体系。

第五条　化妆品注册人、备案人应当根据儿童的生理特点和可能的应用场景，遵循科学性、必要性的原则，研制开发儿童化妆品。

第六条　儿童化妆品应当在销售包装展示面标注国家药品监督

管理局规定的儿童化妆品标志。

非儿童化妆品不得标注儿童化妆品标志。

儿童化妆品应当以“注意”或者“警告”作为引导语，在销售包装可视面标注“应当在成人监护下使用”等警示用语。

鼓励化妆品注册人、备案人在标签上采用防伪技术等手段方便消费者识别、选择合法产品。

第七条 儿童化妆品配方设计应当遵循安全优先原则、功效必需原则、配方极简原则：

（一）应当选用有长期安全使用历史的化妆品原料，不得使用尚处于监测期的新原料，不允许使用基因技术、纳米技术等新技术制备的原料，如无替代原料必须使用时，应当说明原因，并针对儿童化妆品使用的安全性进行评价；

（二）不允许使用以祛斑美白、祛痘、脱毛、除臭、去屑、防脱发、染发、烫发等为目的的原料，如因其他目的使用可能具有上述功效的原料时，应当对使用的必要性及针对儿童化妆品使用的安全性进行评价；

（三）儿童化妆品应当从原料的安全、稳定、功能、配伍等方面，结合儿童生理特点，评估所用原料的科学性和必要性，特别是香料香精、着色剂、防腐剂及表面活性剂等原料。

第八条 儿童化妆品应当通过安全评估和必要的毒理学试验进行产品安全性评价。

化妆品注册人、备案人对儿童化妆品进行安全评估时，在危害识别、暴露量计算等方面，应当考虑儿童的生理特点。

第九条 国家药品监督管理局组织化妆品技术审评机构制定专门的儿童化妆品技术指导原则，对申请人提交的注册申请资料进行严格审查。

药品监督管理部门应当加强儿童化妆品的上市后监督管理，重点对产品安全性资料进行技术核查，发现不符合规定的，依法从严处理。

第十条 儿童化妆品应当按照化妆品生产质量管理规范的要求生产，儿童护肤类化妆品生产车间的环境要求应当符合有关规定。

化妆品注册人、备案人、受托生产企业应当按照规定对化妆品生产质量管理规范的执行情况进行自查，确保持续符合化妆品生产质量管理规范的要求。

鼓励化妆品注册人、备案人针对儿童化妆品制定严于强制性国家标准、技术规范的产品执行的标准。

第十一条 化妆品注册人、备案人、受托生产企业应当制定并实施从业人员入职培训和年度培训计划，确保员工熟悉岗位职责，具备履行岗位职责的专业知识和儿童化妆品相关的法律知识。企业应当建立员工培训档案。

企业应当加强质量文化建设，不断提高员工质量意识及履行职责能力，鼓励员工报告其工作中发现的不合法或者不规范情况。

第十二条 化妆品注册人、备案人、受托生产企业应当严格执行物料进货查验记录制度，企业经评估认为必要时开展相关项目的检验，避免通过原料、直接接触化妆品的包装材料带入激素、抗感染类药物等禁用原料或者可能危害人体健康的物质。

化妆品注册人、备案人发现原料、直接接触化妆品的包装材料中存在激素、抗感染类药物等禁用原料或者可能危害人体健康的物质的，应当立即采取措施控制风险，并向所在地省级药品监督管理部门报告。

第十三条 化妆品注册人、备案人、受托生产企业应当采取措施避免儿童化妆品性状、气味、外观形态等与食品、药品等产品相混淆，防止误食、误用。

儿童化妆品标签不得标注“食品级”“可食用”等词语或者食品有关图案。

第十四条 化妆品经营者应当建立并执行进货查验记录制度，查验直接供货者的市场主体登记证明、特殊化妆品注册证或者普通化妆品备案信息、儿童化妆品标志、产品质量检验合格证明并保存相关凭证，如实记录化妆品名称、特殊化妆品注册证编号或者普通化妆品备案编号、使用期限、净含量、购进数量、供货者名称、地址、联系方式、购进日期等内容。

化妆品经营者应当对所经营儿童化妆品标签信息与国家药品监督管理局官方网站上公布的相应产品信息进行核对，包括：化妆品名称、特殊化妆品注册证编号或者普通化妆品备案编号、化妆品注册人或者备案人名称、受托生产企业名称、境内责任人名称，确保上述信息与公布信息一致。

鼓励化妆品经营者分区陈列儿童化妆品，在销售区域公示儿童化妆品标志。鼓励化妆品经营者在销售儿童化妆品时主动提示消费者查询产品注册或者备案信息。

第十五条 电子商务平台内儿童化妆品经营者以及通过自建网站、其他网络服务经营儿童化妆品的电子商务经营者应当在其经营活动主页面全面、真实、准确披露与化妆品注册或者备案资料一致的化妆品标签等信息，并在产品展示页面显著位置持续公示儿童化妆品标志。

第十六条 化妆品生产经营者、医疗机构发现或者获知儿童化妆品不良反应，应当按照规定向所在地市县级不良反应监测机构报告不良反应。

化妆品注册人、备案人应当对收集或者获知的儿童化妆品不良反应报告进行分析评价，自查可能引发不良反应的原因。对可能属于严重不良反应的，应当按照规定进行调查分析并形成自查报告，报送所在地省级不良反应监测机构，同时报送所在地省级药品监督管理部门。发现产品存在安全风险的，应当立即采取措施控制风险；发现产品存在质量缺陷或者其他问题，可能危害人体健康的，应当依照《化妆品监督管理条例》第四十四条的规定，立即停止生产，召回已经上市销售的化妆品，通知相关化妆品经营者和消费者停止经营、使用。

第十七条 抽样检验发现儿童化妆品存在质量安全问题的，化妆品注册人、备案人、受托生产企业应当立即停止生产，对化妆品生产质量管理规范的执行情况进行自查，并向所在地省级药品监督管理部门报告。影响质量安全的风险因素消除后，方可恢复生产。省级药品监督管理部门可以根据实际情况组织现场检查。

化妆品注册人、备案人发现化妆品存在质量缺陷或者其他问题，可能危害人体健康的，应当依照《化妆品监督管理条例》第四十四条的规定，立即停止生产，召回已经上市销售的化妆品，通知相关化妆品经营者和消费者停止经营、使用。

化妆品注册人、备案人应当根据检验不合格的原因，对其他相关产品进行分析、评估，确保产品质量安全。

第十八条 负责药品监督管理的部门应当按照风险管理的原则，结合本地实际，将化妆品注册人、备案人、境内责任人、受托生产企业以及儿童化妆品销售行为较为集中的化妆品经营者列入重点监管对象，加大监督检查频次。

第十九条 负责药品监督管理的部门应当将儿童化妆品作为年度抽样检验和风险监测重点类别。经抽样检验或者风险监测发现儿童化妆品中含有可能危害人体健康的物质，负责药品监督管理的部门可以采取责令暂停生产、经营的紧急控制措施，并发布安全警示信息；属于进口儿童化妆品的，依法提请有关部门暂停进口。

第二十条 负责药品监督管理的部门依法查处儿童化妆品违法行为时，有下列情形之一的，应当认定为《化妆品监督管理条例》规定的情节严重情形：

（一）使用禁止用于化妆品生产的原料、应当注册但未经注册的新原料生产儿童化妆品；

（二）在儿童化妆品中非法添加可能危害人体健康的物质。

第二十一条 儿童牙膏参照本规定进行管理。

第二十二条 本规定自2022年1月1日起施行。

化妆品抽样检验管理办法

（2023年1月11日国家药监局公告2023年第5号公布
自2023年3月1日起施行）

第一章　总　　则

第一条　为了加强化妆品监督管理，规范化妆品抽样检验工作，根据《化妆品监督管理条例》《化妆品生产经营监督管理办法》等法规、规章，制定本办法。

第二条　在中华人民共和国境内，负责药品监督管理的部门组织实施化妆品抽样检验工作，应当遵守本办法。

第三条　负责药品监督管理的部门应当遵循科学、规范、合法、公正的原则，组织实施化妆品抽样检验工作，加强对抽样、检验、异议审查和复检、核查处置及信息公开的全过程管理。

第四条　国家药品监督管理局每年组织开展国家化妆品抽样检验工作。

省、自治区、直辖市药品监督管理部门每年组织开展本行政区域内的化妆品抽样检验工作，并按照国家药品监督管理局的要求，承担国家化妆品抽样检验任务。

设区的市级、县级负责药品监督管理的部门根据工作需要，组织开展本行政区域内的化妆品抽样检验工作，并按照上级负责药品监督管理的部门的要求，承担化妆品抽样检验任务。

第五条　化妆品生产经营者应当依法接受负责药品监督管理的部门组织实施的化妆品抽样检验，不得干扰、阻碍或者拒绝抽样检验工作，不得提供虚假信息。

第六条　化妆品抽样应当支付抽取样品的费用。抽样检验所需费用按照国家有关规定列入政府预算。

第七条 国家药品监督管理局负责建立国家化妆品抽样检验信息系统，加强化妆品抽样检验信息化建设。

第二章 计划制定

第八条 组织抽样检验的负责药品监督管理的部门（以下简称“组织抽检部门”）应当制定抽样检验计划。

国家药品监督管理局应当每年制定年度国家化妆品抽样检验计划。省、自治区、直辖市药品监督管理部门应当按照年度国家化妆品抽样检验计划，制定本行政区域的实施方案。

省、自治区、直辖市药品监督管理部门应当每年制定本行政区域年度化妆品抽样检验计划。省级化妆品抽样检验计划应当与国家化妆品抽样检验计划相互衔接，各有侧重，扩大抽样覆盖面，避免重复抽样。

设区的市级、县级负责药品监督管理的部门根据工作需要，制定本行政区域化妆品抽样检验计划。

第九条 化妆品抽样检验计划应当包括下列内容：

（一）抽样的品类；

（二）抽样区域、环节、场所、数量、时限等抽样工作要求；

（三）检验项目、检验方法、判定依据、检验时限等检验工作要求；

（四）检验报告的报送方式和时限；

（五）对检验结论为不符合规定产品的核查处置要求；

（六）其他工作要求。

第十条 化妆品抽样检验应当重点关注下列产品：

（一）儿童化妆品和特殊化妆品；

（二）使用新原料的化妆品；

（三）监督检查、案件查办、不良反应监测、安全风险监测、投诉举报、舆情监测等监管工作中发现问题较多的；

（四）既往抽样检验不合格率较高的；

（五）流通范围广、使用频次高的；

（六）其他安全风险较高的产品。

第三章　抽　　样

第十一条　抽样工作应当坚持问题导向、广泛覆盖、监督检查与抽样检验相结合的原则。

第十二条　负责药品监督管理的部门可以自行抽样，也可以委托具有相应能力的单位承担抽样任务。

委托抽样的，负责药品监督管理的部门应当对承担抽样任务单位的抽样工作进行检查评估。

第十三条　抽样单位应当按照化妆品抽样检验计划制定具体的抽样工作实施方案，组织对抽样人员进行培训，保证抽样工作质量。抽样人员应当熟悉抽样工作相关的化妆品专业知识和法律法规。

抽样人员不得承担其抽取样品的检验工作。

第十四条　抽样分为现场抽样和网络抽样。

抽样单位和人员抽样前不得提前告知化妆品生产经营者。抽样时，抽样人员不得少于2人。

现场抽样时抽样人员应当向被抽样化妆品生产经营者出示抽样工作证明文件。网络抽样应当模拟网络购物流程进行，抽样人员不得告知被抽样化妆品生产经营者购买目的。

第十五条　抽样人员在抽样过程中不得有下列行为：

（一）样品签封后擅自拆封或者更换样品；

（二）泄露被抽样化妆品生产经营者的商业秘密；

（三）其他影响抽样公正性的行为。

第十六条 抽样前，抽样人员应当对被抽样化妆品生产经营者的市场主体登记证明、化妆品生产许可证、化妆品标签等进行必要的信息核对；经营环节现场抽样，必要时还需查看进货查验记录制度建立和执行情况。

第十七条 抽样中，发现涉嫌存在以下情形的化妆品，属于抽样异常情况，抽样单位应当依法立案调查或者将问题线索依法通报具有管辖权的负责药品监督管理的部门：

（一）未经注册的特殊化妆品或者未备案上市销售、进口的普通化妆品；

（二）超过使用期限；

（三）无中文标签；

（四）标签标注禁止标注的内容；

（五）其他涉嫌违法的化妆品。

除前款第（二）项规定的情形外，对存在抽样异常情况的产品，抽样部门认为必要的，可以继续抽样。

第十八条 化妆品抽样检验中的样品分为检验样品和复检备份样品。抽样数量原则上应当满足检验和复检工作的最少需求量。

现场抽样的，抽样人员应当从被抽样化妆品生产经营者待销售的产品中随机抽取样品，不得由被抽样化妆品生产经营者自行选择提供。抽样人员应当保存购买样品的票据，必要时对抽样场所、贮存环境、样品信息等通过拍照或者录像等方式留存证据。

网络抽样的，抽样人员应当记录购买样品的注册账号、付款账户、收货地址、联系方式等信息，并通过截图、拍照或者录像等方式记录被抽样化妆品生产经营者信息、样品购买网址、样品网页展示信息，以及订单信息、支付记录等。抽样人员收到样品后，应当对递送包装信息、样品包装等进行查验，并通过拍照或者录像等方式记录拆封过程。

第十九条 有下列情形之一的，原则上不予抽样：

（一）产品仅供出口；

（二）产品已开封、发生破损或者受到污染，可能影响检验结果；

（三）产品剩余使用期限不足6个月，产品使用期限小于6个月的除外；

（四）其他不予抽样的情形。

第二十条 抽样人员应当采取有效的防拆封措施，对检验样品和复检备份样品分别封样。封样后应当可以在不拆封的情况下，查看样品外观、状态等情况。

第二十一条 抽样人员应当使用规范的抽样文书，清晰、完整、准确地记录抽样信息。抽样文书保存期限不得少于2年。

现场抽样的，抽样人员应当告知被抽样化妆品生产经营者依法享有的权利和应当承担的义务。抽样人员和被抽样化妆品生产经营者的负责人或者相关人员应当在化妆品抽样文书及抽样封签上以签字、盖章等方式确认。被抽样化妆品生产经营者负责人或者相关人员对抽样过程有异议拒绝确认的，抽样人员应当现场取证，在化妆品抽样文书上注明并签字。

网络抽样的，抽样人员应当在抽样文书和抽样封签上签字并加盖单位印章，无需被抽样化妆品生产经营者签字盖章。

第二十二条 现场抽样的，样品费用支付分为现场结算和非现场结算。现场结算的，被抽样化妆品生产经营者当场开具发票或者抽样费用支付单位认可的证明材料，抽样人员当场支付样品费用；非现场结算的，抽样费用支付单位收到发票或者其认可的证明材料后，应当及时向被抽样化妆品生产经营者支付样品费用。

负责药品监督管理的部门制定的财务报销制度应当支持现场抽样和网络抽样。

第二十三条 向化妆品注册人、备案人、受托生产企业支付样品费用，一般按照样品的出厂价格支付；向化妆品经营者支付样品费用，一般按照样品的市场销售价格支付；化妆品经营者标注的销售价格包含服务等其他费用的，应当予以扣除。

抽样完成后，因正当理由无法检验，且样品无法退还被抽样化妆品生产经营者的，抽样费用支付单位仍应当支付样品费用，并记录无法检验的原因及费用支付情况。

第二十四条 抽样单位应当在完成抽样后 5 个工作日内，将样品、抽样文书及相关资料递送检验机构。因特殊原因需要延长送样期限的，应当经组织抽检部门同意。现场抽样的，不得由被抽样化妆品生产经营者自行送样。

抽样单位应当依照法律法规的规定和化妆品标签标示的要求贮存、运输化妆品。

第四章 检验和结果报送

第二十五条 承担抽样产品检验任务的检验机构（以下简称“承检机构”）应当具有相应资质和能力。

负责药品监督管理的部门应当对承检机构的检验工作进行检查评估。

第二十六条 承检机构和检验人员应当遵循客观独立、公正公平的原则开展检验工作，确保检验结果真实、准确，并对出具的化妆品检验报告负责。

承检机构在承担抽样检验任务期间，不得接受被抽样化妆品生产经营者同一批次产品的委托检验。

第二十七条 承检机构接收样品时，应当检查样品的外观、状态、封签有无破损以及其他可能对检验结果产生影响的情况，并核对样品与抽样文书信息，按要求存放。

第二十八条 有下列情形之一的，承检机构可以向抽样单位说明理由后拒绝接收样品：

（一）样品发生破损或者受到污染；

（二）样品封签信息不完整、封样不规范，可能影响检验结果公正性；

（三）抽样文书信息不完整、不准确，或者与样品实物明显不符；

（四）样品贮存、运输条件不符合要求，可能影响检验结果；

（五）样品品种混淆或者批次不一致；

（六）样品数量明显不符合检验要求；

（七）其他可能影响样品质量和检验结果的情形。

第二十九条　承检机构应当依据国家标准、技术规范、化妆品补充检验方法等标准方法进行检验，并出具检验结论。

第三十条　承检机构按照强制性国家标准、技术规范、化妆品注册或者备案资料载明的技术要求等，对被抽样产品的检验结果是否符合规定做出检验结论，作为负责药品监督管理的部门开展调查的依据。

负责药品监督管理的部门综合检验结论和调查情况，按照法律法规规章、强制性国家标准、技术规范等，对被抽样产品的生产经营者是否违法违规予以认定。

第三十一条　除抽样检验计划另有规定外，承检机构应当自抽样单位送达样品之日起30个工作日内出具检验报告；特殊情况需延期的，应当报组织抽检部门批准。对不具备资质的检验项目或者由于特殊原因无法按时完成检验任务的，经组织抽检部门同意，可以委托具有相应资质的其他化妆品检验机构完成检验任务。

检验报告应当格式规范、内容真实完整、数据准确，加盖承检机构公章或者检验检测专用章，依法标注检验机构资质认定标志，并有授权签字人的签名或者盖章。检验原始记录、检验报告的保存期限，不得少于出具检验报告之日起6年。

第三十二条　检验过程中遇到样品失效或者其他情况致使检验无法进行的，承检机构应当终止检验，并如实记录情况，向组织抽检部门报告。

第三十三条　承检机构应当妥善保存复检备份样品。检验结论为符合规定的，样品保存期限应当为出具检验报告之日起 1 年；样品剩余使用期限不足 1 年的，保存至使用期限结束。检验结论为不符合规定的，样品应当保存至其使用期限结束。

第三十四条 检验结论为符合规定的，承检机构应当在出具检验报告之日起 7 个工作日内，将检验报告报送组织抽检部门。

检验结论为不符合规定的，承检机构应当在出具检验报告之日起 2 个工作日内，将检验报告、抽样凭证复印件以及样品外包装照片等材料报送组织抽检部门。

承检机构不得擅自对外披露抽样检验结果。

第三十五条 组织抽检部门应当自收到检验结论为不符合规定的检验报告等材料之日起 5 个工作日内，将检验报告等材料递送被抽样产品标签标示的化妆品注册人、备案人、受托生产企业、境内责任人所在地省级药品监督管理部门，以及该产品经营者所在地省级药品监督管理部门。检验结论涉及检出禁用原料或者可能危害人体健康物质的，应当立即递送。

负责核查处置工作的负责药品监督管理的部门（以下简称“核查处置部门”）应当自收到上述检验报告等材料之日起 5 个工作日内，将检验报告等材料和抽样检验结果告知书送达本行政区域内被抽样产品的生产经营者，并告知其依法享有的权利和应当承担的义务。

第五章　异议和复检

第三十六条 化妆品注册人、备案人、受托生产企业对样品真实性有异议的，应当在收到检验报告等材料和抽样检验结果告知书之日起 7 个工作日内，向送达抽样检验结果告知书的核查处置部门提出异议申请，并提交相关证明材料。

化妆品生产经营者对样品的检验方法、标准适用有异议的，应当自收到检验报告等材料和抽样检验结果告知书之日起 7 个工作日内，向实施抽样检验的部门提出异议申请，并提交相关证明材料。

境外化妆品注册人、备案人可以委托其境内责任人提交异议申请。

第三十七条 负责药品监督管理的部门应当自受理异议申请之日起 20 个工作日内完成异议审查，将审查意见书面告知申请人，并通报有关核查处置部门、组织抽检部门。

第三十八条 被抽样产品的化妆品生产经营者对检验结论有异议的，应当自收到检验报告等材料和抽样检验结果告知书之日起 7 个工作日内，向实施抽样检验的部门或者其上一级负责药品监督管理的部门以书面形式提出复检申请。

同一样品的复检申请仅限一次，被抽样产品相关的生产经营者应当协调一致后由一方提出。

向国家药品监督管理局提出复检申请的，国家药品监督管理局可以委托实施抽样检验的省级药品监督管理部门负责办理。

第三十九条 有下列情形之一的，不予复检：

（一）微生物检验项目不符合规定；

（二）特殊原因导致复检备份样品无法复检；

（三）样品超过使用期限；

（四）逾期提交复检申请；

（五）法律法规规定的不予复检的其他情形。

第四十条 申请复检时，申请人需提交下列资料：

（一）复检申请表、申请人的法定代表人或者负责人的授权委托书、经办人身份证明复印件；

（二）检验报告和检验结果告知书送达回证复印件；

（三）其他需要说明的资料。

境外化妆品注册人、备案人委托其境内责任人申请复检的，应当同时提交其法定代表人或者负责人的授权委托书。

第四十一条 受理复检申请的负责药品监督管理的部门（以下简称“复检受理部门”）应当自收到复检申请资料之日起 5 个工作

日内，向申请人出具受理通知书或者不予受理通知书。

复检申请资料不符合要求的，复检受理部门应当一次性告知申请人需要补正的内容；申请人应当在 5 个工作日内提交补正资料，无正当理由逾期不提交的，视为放弃申请。提供补正资料的，受理期限自复检受理部门收到补正资料之日起重新计算。

第四十二条 复检受理部门应当自受理之日起 5 个工作日内，在国家药品监督管理局公布的化妆品抽样检验复检机构名录中随机确定复检机构，向申请人出具复检通知书，并抄送初检机构、复检机构、组织抽检部门。因特殊原因不能及时确定复检机构的，可以延长 5 个工作日，并向申请人说明理由。

复检机构与初检机构不得为同一机构。复检机构无正当理由不得拒绝复检任务。复检机构与复检申请人存在委托检验业务等利害关系的，不得接受复检任务。

第四十三条 复检申请人应当自收到复检通知书后及时向复检机构支付复检费用，未按要求支付复检费用的，视为放弃复检。

复检结论与初检结论一致的，复检费用由复检申请人承担。复检结论与初检结论不一致的，复检费用由实施抽样检验的部门承担。

第四十四条 初检机构应当自收到复检通知书之日起 5 个工作日内，将复检备份样品递送复检机构。

复检机构收到样品后，应当通过拍照或者录像等方式对样品包装、封签等完整性进行确认，做好接收记录。发现样品包装、封签破损，或者出现其他可能对检验结果产生影响的情况，复检机构应当及时书面报告复检受理部门。

复检机构实施复检，应当使用与初检机构一致的检验方法和判定依据进行检验和判定。

第四十五条 复检机构应当自收到复检备份样品之日起 20 个工作日内，向复检受理部门提交复检报告。因特殊情况不能在规定时限完成检验的，应当提前通知复检受理部门，并说明理由。

第四十六条 复检机构出具的复检结论为最终检验结论。复检受理部门应当自收到复检报告之日起 2 个工作日内，将复检报告递送复检申请人、初检机构及核查处置部门。

第六章　核 查 处 置

第四十七条　核查处置部门应当自收到检验结论为不符合规定的检验报告之日起 15 个工作日内，对涉及的化妆品生产经营者依法立案调查；涉及检出禁用原料或者可能危害人体健康物质的，应当立即对涉及的化妆品生产经营者立案调查。

在异议审查和复检期间，核查处置部门不停止对检验结论为不符合规定产品的调查和风险控制工作。

第四十八条　对化妆品注册人、备案人、受托生产企业的调查，核查处置部门应当重点调查检验结论为不符合规定产品涉及的原料进货查验记录、库存或者留样的原料、生产记录、进口记录、产品留样、产品销售记录等。涉及检出禁用原料或者可能危害人体健康物质的，核查处置部门应当对上述企业库存或者留样的其他批次或者同类产品进行抽样检验。

调查中发现产品造成人体伤害或者有证据证明可能危害人体健康的，核查处置部门应当依法对涉及的产品采取责令暂停生产、经营的紧急控制措施；发现化妆品生产质量管理体系存在严重风险隐患的，依法对企业全部相关产品采取责令暂停生产、经营的紧急控制措施。

涉及对产品在全国范围内采取风险控制措施的，由产品标签标示的化妆品注册人、备案人、境内责任人所在地的核查处置部门逐级报告其所在地省、自治区、直辖市药品监督管理部门；省、自治区、直辖市药品监督管理部门应当依法发布安全警示信息，同时通报其他省、自治区、直辖市药品监督管理部门。

核查处置部门对境外化妆品注册人、备案人开展调查时，该境外化妆品注册人、备案人的境内责任人应当配合，代为签收有关执法文书等。

第四十九条 化妆品注册人、备案人、受托生产企业提出样品真实性异议，否认检验结论为不符合规定产品是其生产或者进口的，应当向其所在地的核查处置部门提交证明该产品不是其生产或者进口的异议申请证明材料。核查处置部门应当结合企业提交的异议申请证明材料、产品经营环节溯源等情况，综合判断该产品是否为上述企业生产或者进口，并及时出具样品真实性异议审查意见。

经调查核实化妆品注册人、备案人、受托生产企业提供虚假信息或者隐瞒真实情况的，核查处置部门应当依照化妆品监督管理条例规定的情节严重情形，对其依法从重从严处罚。

第五十条 对化妆品经营者的调查，核查处置部门应当重点调查检验结论为不符合规定产品的进货查验记录等。对于化妆品注册人、备案人、受托生产企业提出样品真实性异议的产品，核查处置部门应当根据调查需要，对上述产品逐级溯源，产品来源或者流向涉及其他省（区、市）的，应当依法向有管辖权的负责药品监督管理的部门提出协查请求或者通报违法线索。化妆品经营者所在地核查处置部门应当将产品溯源调查情况通报化妆品注册人、备案人所在地核查处置部门。

调查中发现造成人体伤害或者有证据证明可能危害人体健康的产品，核查处置部门应当依法对涉及的产品采取责令暂停经营的紧急控制措施。

第五十一条 核查处置部门应当自收到检验结论为不符合规定的检验报告之日起 90 日内完成核查处置工作，对涉及的化妆品生产经营者依法作出行政处罚；因特殊原因需要延长工作时限的，应当提前书面报告组织抽检部门。

第五十二条 化妆品注册人、备案人收到检验结论为不符合规定的检验报告和抽样检验结果告知书后，应当立即对相关产品风险进行评估，并依照化妆品生产经营监督管理办法第五十三条的规定，对可能危害人体健康的产品，区分以下情形，立即停止生产，通知相关经营者和消费者停止经营、使用：

（一）被抽样产品检出禁用原料或者其他可能危害人体健康物质的，应当停止涉及该禁用原料或者其他可能危害人体健康物质的全部产品的生产；

（二）被抽样产品微生物检验项目不符合规定的，应当停止涉及该产品的生产车间内产品的生产；

（三）被抽样产品检出禁用原料或者其他可能危害人体健康物质、微生物以外的检验项目不符合规定的，应当对该产品存在的质量缺陷或者其他问题进行评估，自行决定停止生产的范围。

化妆品注册人、备案人应当立即开展自查，查找产品存在质量安全风险的原因，并进行整改；自查发现化妆品生产质量管理体系存在严重风险隐患的，应当立即对全部产品停止生产、经营。自查整改完成后，化妆品注册人、备案人应当对化妆品生产质量管理体系进行评估，经评估认为影响质量安全的风险因素消除后，方可恢复生产。

在异议审查和复检期间，化妆品生产经营者不停止对检验结论为不符合规定产品的风险控制工作。

第五十三条 化妆品注册人、备案人应当根据风险评估和自查整改情况，依照化妆品监督管理条例第四十四条的规定，召回已经上市销售的相关产品，并记录召回和通知情况。

受托生产企业、化妆品经营者收到化妆品注册人、备案人的召回通知后，应当配合实施召回。

第五十四条 核查处置部门应当监督化妆品生产经营者的自查整改、召回工作，根据实际情况，组织现场检查。

第七章 信息公开

第五十五条 负责药品监督管理的部门负责公布本部门组织的

抽样检验结果。

任何单位和个人不得擅自发布化妆品抽样检验信息。

第五十六条 组织抽检部门应当通过其政府网站等媒体及时向社会公开抽样检验结果。对不符合规定产品的信息公开应当至少包括：被抽样产品名称、包装规格、生产日期或者批号、特殊化妆品注册证编号或者普通化妆品备案编号、不符合规定的检验项目、标签标示化妆品注册人、备案人、受托生产企业、境内责任人名称和地址、被抽样化妆品生产经营者的名称和地址、承检机构名称等。

化妆品注册人、备案人、受托生产企业、境内责任人提出异议申请否认检验结论为不符合规定的产品是其生产或者进口，经上述企业所在地核查处置部门综合判断情况属实的，组织抽检部门在公开抽样检验结果时予以说明；经综合判断上述企业提供虚假信息或者隐瞒真实情况的，组织抽检部门在公开抽样检验结果时予以曝光。

第五十七条 抽样检验信息公开应当依照《中华人民共和国政府信息公开条例》等法律法规规定执行。

对公共利益可能产生重大影响的化妆品抽样检验信息，公开部门应当在信息公开前加强分析研判，及时、准确地公开信息，必要时应当提前报告同级人民政府和上一级负责药品监督管理的部门。

第八章　附　　则

第五十八条 对可能掺杂掺假或者使用禁止用于化妆品生产的原料生产的化妆品，按照化妆品国家标准规定的检验项目和检验方法无法检验的，国家药品监督管理局可以制定补充检验项目和检验方法，用于化妆品抽样检验。

第五十九条 根据监管工作需要，负责药品监督管理的部门可以组织开展专项抽样检验，相关工作程序参照本办法执行。

因监督检查、投诉举报、案件查办、不良反应监测等监管工作需要开展抽样检验，不受抽样数量、地点、样品状态、抽样检验结果公开等限制。

第六十条 各省、自治区、直辖市药品监督管理部门可以根据本办法，结合实际对本行政区域内组织开展的化妆品抽样检验工作制定实施细则。

第六十一条 本办法自2023年3月1日起施行。《国家食品药品监督管理总局办公厅关于印发化妆品抽样检验工作规范的通知》（食药监办药化监〔2017〕103号）同时废止。

化妆品不良反应监测管理办法

（2022年2月15日国家药监局公告2022年第16号公布 自2022年10月1日起施行）

第一章 总 则

第一条 为加强化妆品不良反应监测工作，及时有效控制化妆品安全风险，保障消费者健康，依据《化妆品监督管理条例》《化妆品生产经营监督管理办法》等法规、规章，制定本办法。

第二条 在中华人民共和国境内开展化妆品不良反应监测及其监督管理，适用本办法。

第三条 国家药品监督管理局负责全国化妆品不良反应监测管理工作。县级以上地方人民政府负责药品监督管理的部门负责本行政区域的化妆品不良反应监测管理工作。

县级以上地方人民政府负责药品监督管理的部门应当明确化妆品不良反应监测机构，负责本行政区域的化妆品不良反应监测技术工作。

第四条 化妆品注册人、备案人应当建立化妆品不良反应监测和评价体系，主动收集其上市销售化妆品的不良反应，及时开展分析评价，并按照本办法规定向化妆品不良反应监测机构报告，落实化妆品质量安全主体责任。受托生产企业、化妆品经营者和医疗机构发现可能与使用化妆品有关的不良反应，应当按照本办法规定向化妆品不良反应监测机构报告。

第五条 国家鼓励其他单位和个人向化妆品不良反应监测机构或者负责药品监督管理的部门报告可能与使用化妆品有关的不良反应，充分发挥社会监督作用，促进化妆品安全社会共治。

第六条 国家药品监督管理局负责建立国家化妆品不良反应监测信息系统，加强化妆品不良反应监测信息化建设。

第二章　职责与义务

第七条 国家药品监督管理局负责全国化妆品不良反应监测管理工作，履行以下主要职责：

（一）建立并完善全国化妆品不良反应监测管理体系，组织制定化妆品不良反应监测管理制度，并监督实施；

（二）组织调查可能引发较大社会影响的化妆品不良反应，依法采取控制措施；

（三）组织监督检查化妆品不良反应监测工作开展情况；

（四）制定并发布国家化妆品不良反应监测评价基地（以下简称国家监测基地）的认定标准和管理规范，并组织遴选、管理国家监测基地；

（五）组织开展全国化妆品不良反应监测宣传、培训、研究和国际交流工作。

第八条 省、自治区、直辖市药品监督管理部门（以下简称省级药监部门）负责本行政区域的化妆品不良反应监测管理工作，履行以下主要职责：

（一）建立并完善本行政区域的化妆品不良反应监测管理体系，配备与监测工作相适应的机构和人员，完善工作制度并监督实施；

（二）组织调查本行政区域内发生的严重和可能引发较大社会影响的化妆品不良反应，依法采取控制措施；

（三）组织监督检查本行政区域的化妆品不良反应监测工作开展情况；

（四）组织开展本行政区域的化妆品不良反应监测宣传、培训、研究等工作。

第九条 设区的市级、县级负责药品监督管理的部门（以下简称市县级监管部门）负责本行政区域的化妆品不良反应监测管理工作，履行以下主要职责：

（一）建立并完善本行政区域的化妆品不良反应监测管理体系，配备与监测工作相适应的机构和人员，完善工作制度并监督实施；

（二）调查本行政区域内发生的严重和可能引发较大社会影响的化妆品不良反应，根据监测结果和工作需要，调查本行政区域内发生的其他化妆品不良反应，依法采取控制措施；

（三）监督检查本行政区域的化妆品不良反应监测工作开展情况；

（四）组织开展本行政区域的化妆品不良反应监测宣传、培训、研究等工作。

第十条 国家化妆品不良反应监测机构（以下简称国家监测机构）负责全国化妆品不良反应监测技术工作，履行以下主要职责：

（一）收集、分析评价全国化妆品不良反应，并向国家药品监督管理局提出风险管理建议；

（二）对可能引发较大社会影响的化妆品不良反应，向国家药品监督管理局提出处理建议并配合调查工作；

（三）负责国家化妆品不良反应监测信息系统的建设和维护；

（四）制定化妆品不良反应监测的技术标准和规范，对地方各级监测机构和国家监测基地进行业务指导；

（五）开展全国化妆品不良反应监测宣传、培训、研究和国际交流工作。

第十一条 省级化妆品不良反应监测机构（以下简称省级监测机构）负责本行政区域的化妆品不良反应监测技术工作，履行以下主要职责：

（一）收集、分析评价本行政区域内发生的化妆品不良反应，并向所在地省级药监部门提出风险管理建议；

（二）对本行政区域内发生的严重和可能引发较大社会影响的化妆品不良反应，向所在地省级药监部门提出处理建议并配合调查工作；

（三）负责国家化妆品不良反应监测信息系统在本行政区域的使用和管理；

（四）对设区的市级和县级化妆品不良反应监测机构（以下简称市县级监测机构）进行业务指导，组织对本行政区域内化妆品注册人、备案人、境内责任人、受托生产企业、化妆品经营者、医疗机构等进行技术指导；

（五）开展本行政区域的化妆品不良反应监测宣传、培训、研究等工作。

第十二条 市县级监测机构负责本行政区域的化妆品不良反应监测技术工作，履行以下主要职责：

（一）收集、分析评价本行政区域内发生的化妆品不良反应，并向所在地同级负责药品监督管理的部门提出风险管理建议；

（二）对本行政区域内发生的严重和可能引发较大社会影响的化妆品不良反应，向所在地同级负责药品监督管理的部门提出处理建议并配合调查工作。根据监测结果和风险程度，对本行政区域内发生的其他化妆品不良反应向所在地同级负责药品监督管理的部门提出处理建议并配合调查工作；

（三）协助省级监测机构开展化妆品不良反应监测技术工作；

（四）对本行政区域内化妆品注册人、备案人、境内责任人、受托生产企业、化妆品经营者、医疗机构等进行技术指导；

（五）开展本行政区域的化妆品不良反应监测宣传、培训、研究等工作。

第十三条 化妆品注册人、备案人应当具备开展化妆品不良反应监测工作的能力，按照化妆品监督管理条例规定履行以下义务：

（一）建立并实施化妆品不良反应监测和评价体系，配备与其产品相适应的机构和人员从事化妆品不良反应监测工作；

（二）主动收集并按照本办法的规定向化妆品不良反应监测机构报告化妆品不良反应；

（三）对发现或者获知的化妆品不良反应及时进行分析评价，根据评价结果采取措施控制风险；

（四）配合化妆品不良反应监测机构、负责药品监督管理的部门开展化妆品不良反应调查。

境外化妆品注册人、备案人应当与境内责任人建立不良反应主动收集、报告、分析评价和调查处理的协助机制，确保履行本条第一款规定的义务。

第十四条 受托生产企业、化妆品经营者应当按照化妆品监督管理条例和本办法的规定向化妆品不良反应监测机构报告发现或者获知的化妆品不良反应，并配合化妆品不良反应监测机构、负责药品监督管理的部门开展化妆品不良反应调查。

第十五条 医疗机构应当按照化妆品监督管理条例和本办法的规定向化妆品不良反应监测机构报告发现或者获知的化妆品不良反应，并配合化妆品不良反应监测机构、负责药品监督管理的部门开展化妆品不良反应调查。

皮肤病专科医疗机构、设有皮肤科的二级及以上医疗机构应当建立与其诊疗范围相适应的化妆品不良反应监测制度，并确保监测制度有效执行。

第十六条 化妆品电子商务平台经营者获知化妆品不良反应的，应当记录并及时转交平台内化妆品经营者处理，督促平台内化妆品经营者履行化妆品经营者的不良反应报告义务，配合化妆品不良反应监测机构、负责药品监督管理的部门开展化妆品不良反应调查。

第十七条 国家监测基地应当按照管理规范的要求为化妆品不良反应监测工作提供技术支持，参与省级以上药监部门和监测机构对严重和可能引发较大社会影响的化妆品不良反应的分析评价，协助开展化妆品不良反应监测宣传、培训、研究、技术指导等工作。

第三章 不良反应报告

第十八条 化妆品不良反应报告遵循可疑即报的原则，怀疑与使用化妆品有关的人体损害，均应当报告。

报告化妆品不良反应的内容应当真实、完整、准确。化妆品不良反应报告应当包括报告者信息、发生不良反应者信息、不良反应信息、所使用化妆品信息等内容。

第十九条 化妆品注册人、备案人应当通过产品标签、官方网站等方便消费者获知的方式向社会公布电话、电子邮箱等有效联系方式，主动收集来自受托生产企业、化妆品经营者、医疗机构、消费者等报告的其上市销售化妆品的不良反应。

化妆品注册人、备案人在发现或者获知化妆品不良反应后应当通过国家化妆品不良反应监测信息系统报告。

第二十条 受托生产企业、化妆品经营者、医疗机构在发现或者获知化妆品不良反应后，应当通过国家化妆品不良反应监测信息系统报告，鼓励其告知化妆品注册人、备案人。

暂不具备在线报告条件的化妆品经营者和医疗机构，应当通过纸质报表向所在地市县级监测机构报告，由其代为在线提交报告。

第二十一条 化妆品电子商务平台经营者获知化妆品不良反应的，应当记录报告者信息、发生不良反应者信息、不良反应信息、所使用的化妆品信息等内容，并于7日内转交平台内化妆品经营者处理。涉及产品质量安全的重大信息，化妆品电子商务平台经营者应当自获知上述信息后，将发生不良反应者信息、症状或者体征、不良反应严重程度、不良反应发生日期、所使用化妆品名称、销售所使用化妆品的平台内经营者等信息于15日内书面报告电子商务平台经营者所在地省级药监部门。

第二十二条 其他单位和个人可以向化妆品注册人、备案人、境内责任人报告化妆品不良反应，也可以向所在地市县级监测机构或者市县级监管部门报告，由上述企业或者单位代为在线提交报告。

各级负责药品监督管理的部门应当公布本部门和同级监测机构的电话、通讯地址等联系方式。

第二十三条 属于一般化妆品不良反应的，化妆品注册人、备案人、受托生产企业、化妆品经营者、医疗机构等应当自发现或者获知化妆品不良反应之日起30日内报告，属于严重化妆品不良反应的，应当自发现或者获知之日起15日内报告，属于可能引发较大社会影响的化妆品不良反应应当自发现或者获知之日起3日内报告。对于不良反应情况和分析评价结果等有新的发现或者认知的，应当及时补充报告。

第二十四条 化妆品注册人、备案人、受托生产企业、医疗机构应当客观、真实地记录与不良反应监测有关的活动并形成监测记录，记录保存期限不得少于报告之日起3年。境内责任人应当协助建立并保存化妆品不良反应监测记录。

化妆品不良反应监测记录应当至少包括：报告者信息、发生不良反应者信息、症状或者体征、不良反应严重程度、不良反应发生日期、不良反应发现或者获知日期、不良反应报告日期、所使用化妆品名称等。属于严重和可能引发较大社会影响的化妆品不良反应，化妆品注册人、备案人还应当记录可能引发不良反应的原因以及分析评价情况、后续风险控制措施。医疗机构还应当记录与化妆品不良反应有关的诊疗情况。

以下内容应当尽量收集并记录：不良反应所使用化妆品的特殊

化妆品注册证书编号或者普通化妆品备案编号、生产批号、开始使用日期和停用日期，医疗机构诊疗情况。

第二十五条 境外化妆品注册人、备案人其在中国境内外上市销售的产品因在境外发生化妆品不良反应而被采取停止生产或者经营、实施产品召回、发布安全警示信息等风险控制措施的，境外化妆品注册人、备案人应当在发现或者获知之日起 7 日内，将相关不良反应信息和采取的风险控制措施书面报告国家监测机构，境内责任人应当协助境外化妆品注册人、备案人履行报告义务。

第四章 不良反应分析评价

第二十六条 化妆品注册人、备案人应当对发现或者获知的化妆品不良反应进行分析评价，必要时自查产品原料、配方、生产工艺、生产质量管理、贮存运输等方面可能引发不良反应的原因。境内责任人应当积极协助境外化妆品注册人、备案人对发现或者获知的化妆品不良反应进行分析评价。

属于严重化妆品不良反应的，化妆品注册人、备案人应当自发现或者获知不良反应之日起 20 日内，属于可能引发较大社会影响的化妆品不良反应的，应当自发现或者获知不良反应之日起 10 日内进行分析评价并形成自查报告，报送化妆品注册人、备案人、境内责任人所在地省级监测机构，同时报送所在地省级药监部门。

第二十七条 各级监测机构应当逐级对本行政区域内发生的化妆品不良反应进行分析评价，并根据分析评价结果和风险程度向所在地同级负责药品监督管理的部门提出处理建议。

第二十八条 市县级监测机构应当对收到的化妆品不良反应报告的真实性、完整性、准确性进行审核，对不良反应与产品的关联性和不良反应严重程度进行初步分析评价。

属于一般化妆品不良反应的，市县级监测机构应当自收到不良反应报告之日起 15 个工作日内完成分析评价。属于严重化妆品不良反应的，应当自收到不良反应报告之日起 7 个工作日内完成分析评价。属于可能引发较大社会影响的化妆品不良反应的，应当自收到不良反应报告之日起 3 个工作日内完成分析评价。对严重和可能引发较大社会影响的化妆品不良反应，应当同时报告所在地同级负责药品监督管理的部门，提出处理建议。

市县级监测机构应当对严重和可能引发较大社会影响的化妆品不良反应进行跟踪调查，详细了解发生不良反应者和所使用化妆品的基本信息、不良反应发生情况和进展、报告单位对不良反应的处理情况等，并自收到不良反应报告之日起 7 个工作日内形成跟踪报告报送上一级监测机构，同时报送所在地同级负责药品监督管理的部门。

第二十九条 对于有明确的化妆品名称及产品销售包装图片的化妆品不良反应报告，经核对产品注册备案信息，所使用化妆品可能属于未经注册的特殊化妆品或者未备案的普通化妆品的，市县级监测机构应当报告所在地同级负责药品监督管理的部门。负责药品监督管理的部门应当组织调查，依法采取控制措施。

第三十条 省级监测机构应当对下一级监测机构提交的化妆品不良反应报告评价意见进行复核，并对不良反应与产品的关联性和不良反应严重程度进行分析评价。省级监测机构经复核与下一级监测机构评价意见不一致、认为需调整为严重或者可能引发较大社会影响的化妆品不良反应进行处理的，应当向下一级监测机构反馈。下一级监测机构应当自收到省级监测机构反馈意见之日起 7 个工作日内对不良反应进行跟踪调查并形成跟踪报告，并按照本办法第二十八条第三款的规定报送相关部门。

属于一般化妆品不良反应的，省级监测机构应当自收到下一级监测机构评价意见之日起 15 个工作日内完成分析评价。属于严重化妆品不良反应的，应当自收到下一级监测机构评价意见之日起 7 个工作日内完成分析评价。属于可能引发较大社会影响的化妆品不良反应的，应当自收到下一级监测机构评价意见之日起 3 个工作日内完成分析评价。对严重和可能引发较大社会影响的化妆品不良反应，应当同时报告所在地省级药监部门，提出处理建议。

省级监测机构应当结合下一级监测机构报送的跟踪报告对严重和可能引发较大社会影响的化妆品不良反应进行调查研究，根据实际需要开展监测数据分析、文献研究、专家咨询，对不良反应发生情况和可能引发不良反应的原因等进行综合分析，属于严重化妆品不良反应的，应当自收到跟踪报告之日起 15 个工作日内形成分析评价报告，属于可能引发较大社会影响的化妆品不良反应的，应当自收到跟踪报告之日起 7 个工作日内形成分析评价报告，并报送国家监测机构，同时报送所在地省级药监部门。

第三十一条 国家监测机构应当对收集的全国化妆品不良反应进行分析评价，根据监测结果和风险程度，向国家药品监督管理局提出处理建议。

对可能引发较大社会影响的化妆品不良反应，国家监测机构应当组织国家监测基地开展分析评价，并自收到下一级监测机构报送的分析评价报告之日起 7 个工作日内形成分析评价报告报送国家药品监督管理局。

第三十二条 省级监测机构应当按季度和年度对收集的化妆品不良反应进行汇总分析，提出风险管理建议，及时书面报送省级药监部门和国家监测机构。

国家监测机构应当按季度和年度对收集的化妆品不良反应进行汇总分析，提出风险管理建议，及时书面报送国家药品监督管理局。

第五章 不良反应调查

第三十三条 负责药品监督管理的部门收到监测机构报送的化妆品不良反应处理建议后，根据监测结果和工作需要，可以责令不良反应涉及的化妆品注册人、备案人、受托生产企业对不良反应进行分析评价并自查可能引发不良反应的原因，采取有效措施控制风险，或者依职责对不良反应涉及的化妆品注册人、备案人、境内责任人、受托生产企业、化妆品经营者开展监督检查。根据调查结果，发现存在违法行为的，负责药品监督管理的部门应当依法查处。

第三十四条 对严重化妆品不良反应，不良反应发生地市县级监管部门应当自收到同级监测机构不良反应评价意见之日起 15 个工作日内依职责开展调查，并形成不良反应调查处理报告报送至上一级负责药品监督管理的部门，逐级报送至省级药监部门。

不良反应发生地省级药监部门应当自收到同级监测机构不良反应评价意见之日起 7 个工作日内依职责组织开展调查，并及时向不良反应涉及的化妆品注册人、备案人、境内责任人所在地省级药监部门通报相关信息。不良反应发生地省级药监部门形成调查处理报告后通报化妆品注册人、备案人、境内责任人所在地省级药监部门。

第三十五条 对可能引发较大社会影响的化妆品不良反应，不良反应发生地市县级监管部门应当自收到同级监测机构不良反应评价意见之日起 7 个工作日内依职责开展调查，并形成不良反应调查处理报告报送至上一级负责药品监督管理的部门，逐级报送至省级药监部门。

不良反应发生地省级药监部门应当自收到同级监测机构不良反应评价意见之日起 5 个工作日内依职责组织开展调查，并及时向不良反应涉及的化妆品注册人、备案人、境内责任人所在地省级药监部门通报相关信息。不良反应发生地省级药监部门形成调查处理报告后通报化妆品注册人、备案人、境内责任人所在地省级药监部门。

对可能引发较大社会影响的化妆品不良反应，国家药品监督管理局应当自收到国家监测机构报送的分析评价报告之日起 5 个工作日内依职责组织开展调查。

第三十六条 根据调查结果，发现产品存在质量缺陷或者其他问题，可能危害人体健康的，负责药品监督管理的部门依照化妆品监督管理条例第四十四条的规定，应当通知化妆品注册人、备案人实施召回，通知受托生产企业、化妆品经营者停止生产、经营。

根据调查结果，发现产品造成人体伤害或者有证据证明可能危害人体健康的，负责药品监督管理的部门依照化妆品监督管理条例第五十四条的规定，可以采取责令暂停生产、经营的紧急控制措施。

第三十七条 根据调查结果，负责药品监督管理的部门认为需要化妆品注册人、备案人进一步开展分析评价的，化妆品注册人、备案人、境内责任人所在地省级药监部门可以向化妆品注册人、备案人、境内责任人告知相关化妆品不良反应信息。化妆品注册人、备案人应当按照本办法第二十六条第一款的规定，及时进行分析评价后形成自查报告，并报送化妆品注册人、备案人、境内责任人所在地省级药监部门。

第三十八条 根据调查结果，有证据表明化妆品、化妆品原料可能存在缺陷的，省级以上药监部门依照化妆品监督管理条例第五十五条的规定，可以责令化妆品注册人、备案人开展安全再评估或者直接组织开展安全再评估。

根据调查结果，对于可能需要制定或者修订强制性国家标准、技术规范或者需要研制补充检验方法的，可以由负责调查的省级药监部门提请国家药品监督管理局或者由国家药品监督管理局直接组织开展相关标准研究和补充检验方法研制工作。

第三十九条 化妆品注册人、备案人通过分析评价化妆品不良反应，发现产品存在安全风险的，应当立即采取措施控制风险。发现产品存在质量缺陷或者其他问题，可能危害人体健康的，应当依照化妆品监督管理条例第四十四条的规定，立即停止生产，召回已经上市销售的化妆品，通知相关化妆品经营者和消费者停止经营、使用。境内责任人应当积极协助境外化妆品注册人、备案人采取措施控制风险。

受托生产企业、化妆品经营者发现或者获知其生产、经营的化妆品存在安全风险、可能危害人体健康的，应当立即停止生产、经营，并同时告知化妆品注册人、备案人、境内责任人，配合其采取措施控制风险。

第六章 监督管理

第四十条 负责药品监督管理的部门应当对化妆品注册人、备案人、境内责任人、受托生产企业、化妆品经营者、医疗机构等开展化妆品不良反应监测的情况进行监督检查。

第四十一条 化妆品注册人、备案人、受托生产企业、化妆品经营者、医疗机构未按照本办法规定开展化妆品不良反应监测的，依照化妆品监督管理条例处罚。

第四十二条 国家药品监督管理局每年将化妆品不良反应年度监测情况通报国务院卫生主管部门。鼓励化妆品注册人、备案人、境内责任人、受托生产企业、化妆品经营者之间互相告知化妆品不良反应信息。

第四十三条 在化妆品不良反应监测工作中知悉的商业秘密、个人隐私等信息应当予以保密。

第七章 附 则

第四十四条 本办法涉及术语含义如下：

化妆品不良反应，是指正常使用化妆品所引起的皮肤及其附属器官的病变，以及人体局部或者全身性的损害。

严重化妆品不良反应，是指正常使用化妆品引起以下损害情形之一的反应：

（一）导致暂时性或者永久性功能丧失，影响正常人体和社会功能的，如皮损持久不愈合、瘢痕形成、永久性脱发、明显损容性改变等；

（二）导致人体全身性损害的，如肝肾功能异常、过敏性休克等；

（三）导致住院治疗或者医疗机构认为有必要住院治疗的；

（四）导致人体其他严重损害、危及生命或者造成死亡的。

可能引发较大社会影响的化妆品不良反应，是指因正常使用同一化妆品在一定区域内，引发较大社会影响或者造成多人严重损害的化妆品不良反应。

化妆品不良反应监测，是指化妆品不良反应收集、报告、分析评价、调查处理的全过程。

第四十五条 省级药监部门应当对使用新原料的化妆品发生的不良反应组织开展调查，发现存在安全风险的，应当依法采取控制措施。具体规定另行制定。

第四十六条 省级药监部门可以依据本办法，结合实际制定实施细则。

第四十七条 本办法自 2022 年 10 月 1 日起施行。